Buena
Prensa

MISAL PARA NIÑOS 2024

Textos litúrgicos: Conferencia del Episcopado Mexicano.
Director general: P. Felipe Espinosa Torres, SJ.

Ilustraciones: Kuromo San.
Diseño editorial: Angélica Toledo.

MISAL PARA NIÑOS 2024

Buena Prensa

Tengo una cita

Este libro te ayudará a participar mejor en las Misas de los domingos y en algunas fiestas importantes del año 2024. Primero viene una parte pequeña que explica las palabras y posturas que son las mismas en todas las Misas. Después vienen las lecturas que cambian cada domingo.

En familia puedes leerlo antes de ir a la Misa. Esto te servirá como preparación.

Además, durante la misma celebración, en algunas ocasiones (cuando el sonido no es bueno, o cuando estás más inquieto o distraído) este Misal te ayudará para que hagas una lectura en voz muy baja, al mismo tiempo que los lectores.

Las cuatro grandes partes de la Misa

La reunión

- El Señor nos reúne.
- Le pedimos perdón a Dios.
- Le damos gloria a Dios.

La Eucaristía

- Le presentamos a Dios el pan y el vino para que sean convertidos en el Cuerpo y la Sangre de Jesús.
- Le damos gracias a Dios.
- Con Jesús, ofrecemos nuestra vida a Dios.
- Decimos el *Padrenuestro*.
- Nos damos unos a otros la paz de Cristo.
- En la Comunión recibimos a Jesús como alimento.

La Palabra

- Escuchamos la Palabra de Dios.
- Proclamamos nuestra fe.
- Rezamos por todo el mundo.

El envío

- El Señor nos envía a nuestra casa a vivir el Evangelio.

En las siguientes páginas encontrarás las frases que dice el sacerdote y las respuestas que todos nosotros damos juntos en cada una de esas partes. Además, algunas explicaciones y las respuestas a las preguntas sobre la Misa que la gente se hace con más frecuencia.

Lo que se necesita para celebrar la Misa:

a) **Los libros** con las oraciones (Misal) y las lecturas (Leccionario).

b) **El ambón** es el lugar desde donde se proclama la Palabra de Dios.

c) **El altar** es la mesa en la que el sacerdote consagra el pan y el vino.

d) **Pan y vino** la Misa siempre es la conmemoración (hacer actual) de lo que Jesús hizo en la Última Cena con sus discípulos antes de morir. El pan que se usa tiene forma de obleas (hostias).

e) **Las vinajeras** son dos botellas: una tiene vino y la otra agua.

f) **Un sacerdote** que hace presente a Jesús y actúa en su nombre.

La reunión

El Señor nos reúne

Nos reunimos en la iglesia con nuestros familiares, amigos, vecinos, con personas que están de paso, con desconocidos. Estamos aquí porque Jesús nos invita.

Cuando el sacerdote entra, nos ponemos de pie y cantamos. Después, hacemos la señal de la cruz junto con el sacerdote.

Sacerdote: En el nombre del Padre, y del Hijo, y del Espíritu Santo.
Todos: Amén.

Algunas veces las fórmulas cambian un poco, pero ordinariamente el sacerdote dirá:

Sacerdote: La gracia de nuestro Señor Jesucristo, el amor del Padre y la comunión del Espíritu Santo estén con todos ustedes.
Todos: Y con tu espíritu.

Le pedimos perdón a Dios

Nos dirigimos a Dios. Ante él reconocemos el mal que hemos hecho y nos arrepentimos de no haber hecho el bien. Dios, que nos conoce y nos quiere, nos perdona.

Sacerdote: Hermanos: para celebrar dignamente estos sagrados misterios, reconozcamos nuestros pecados.

En silencio cada quien reconoce sus faltas y se deja tocar por el cariño de Dios, que perdona.

Todos: Yo confieso ante Dios todopoderoso y ante ustedes, hermanos, que he pecado mucho de pensamiento, palabra, obra y omisión.

Dándote tres golpes en el pecho, dices la siguiente frase:

Por mi culpa, por mi culpa, por mi gran culpa. Por eso ruego a santa María, siempre Virgen, a los ángeles, a los santos y a ustedes, hermanos, que intercedan por mí ante Dios, nuestro Señor.

Sacerdote: Dios todopoderoso tenga misericordia de nosotros, perdone nuestros pecados y nos lleve a la vida eterna.
Todos: Amén.

El sacerdote o cantor:

Sacerdote: Señor, ten piedad.
Todos: Señor, ten piedad.
Sacerdote: Cristo, ten piedad.
Todos: Cristo, ten piedad.
Sacerdote: Señor, ten piedad.
Todos: Señor, ten piedad.

Le damos gloria a Dios

Reconocemos la grandeza de Dios cuando decimos "Gloria a Dios". Esta oración comienza con el canto de los ángeles cuando anunciaron a los pastores el nacimiento de Jesús.

Todos: Gloria a Dios en el cielo, y en la tierra paz a los hombres que ama el Señor. Por tu inmensa gloria te alabamos, te bendecimos, te adoramos, te glorificamos, te damos gracias, Señor Dios, Rey celestial, Dios Padre todopoderoso. Señor, Hijo único, Jesucristo; Señor Dios, Cordero de Dios, Hijo del Padre; tú que quitas el pecado del mundo, ten piedad de nosotros; tú que quitas el pecado del mundo, atiende nuestra súplica; tú que estás sentado a la derecha del Padre, ten piedad de nosotros; porque sólo tú eres Santo, sólo tú Señor, sólo tú Altísimo, Jesucristo, con el Espíritu Santo en la gloria de Dios Padre. Amén.

Sacerdote: Oremos.

El sacerdote nos invita a hacer una oración. Él la dice en nombre de todos. Puede terminar así:

Por nuestro Señor Jesucristo, tu Hijo, que vive y reina contigo en la unidad del Espíritu Santo y es Dios por los siglos de los siglos.

Todos: Amén.

La Palabra

Escuchamos la Palabra de Dios

Éste es el momento para escuchar algunos textos de la Biblia. Acogemos a Dios que nos habla hoy.

Puedes seguir los textos de las lecturas en este mismo libro. Busca el domingo correspondiente y su fecha en la parte superior de las páginas.

Durante las dos primeras lecturas nos sentamos. La primera lectura casi siempre es un fragmento del Antiguo Testamento. La segunda suele ser un pasaje de una carta escrita por un apóstol a los primeros cristianos. Entre las dos lecturas hacemos oración con el salmo responsorial, que conviene sea cantado. Nos ponemos de pie y cantamos el "Aleluya".

El Evangelio

Escuchamos atentamente el Evangelio:

Sacerdote: El Señor esté con ustedes.
Todos: Y con tu espíritu.
Sacerdote: Del santo Evangelio según san **N.**
Todos: Gloria a ti, Señor.

Con el dedo pulgar hacemos tres cruces: una en la frente, otra en la boca y otra en el corazón. Al final de la lectura, el sacerdote besa el libro de los evangelios y dice:

Sacerdote: Palabra del Señor.
Todos: Gloria a ti, Señor Jesús.

Homilía

Nos sentamos para escuchar los comentarios del sacerdote, que nos ayudarán a entender y aplicar la Palabra de Dios en nuestra vida.

Proclamamos nuestra fe

Acabamos de escuchar la Palabra de Dios. Para responder a ella, unidos a los cristianos de todo el mundo, proclamamos el "Credo".

Nos ponemos de pie.

Todos: Creo en un solo Dios, Padre todopoderoso, Creador del cielo y de la tierra, de todo lo visible y lo invisible.

Creo en un solo Señor, Jesucristo, Hijo único de Dios, nacido del Padre antes de todos los siglos: Dios de Dios, Luz de Luz, Dios verdadero de Dios verdadero, engendrado, no creado, de la misma naturaleza del Padre, por quien todo fue hecho; que por nosotros, los hombres, y por nuestra salvación bajó del cielo,

(En las palabras que siguen, hasta "se hizo hombre", todos inclinamos la cabeza).

y por obra del Espíritu Santo se encarnó de María, la Virgen, y se hizo hombre; y por nuestra causa fue crucificado en tiempos de Poncio Pilato; padeció y fue sepultado, y resucitó al tercer día, según las Escrituras, y subió al cielo, y está sentado a la derecha del Padre; y de nuevo vendrá con gloria para juzgar a vivos y muertos, y su reino no tendrá fin.

Creo en el Espíritu Santo, Señor y dador de vida, que procede del Padre y del Hijo, que con el Padre y el Hijo recibe una misma adoración y gloria, y que habló por los profetas.

Creo en la Iglesia, que es una, santa, católica y apostólica. Confieso que hay un solo bautismo para el perdón de los pecados. Espero la resurrección de los muertos y la vida del mundo futuro. Amén.

En lugar del Credo conocido como de Niceno-constantinopolitano, que decimos la mayoría de los domingos, en el Tiempo de Cuaresma y Pascua se puede emplear el Credo de los Apóstoles.

Creo en Dios, Padre todopoderoso, Creador del cielo y de la tierra. Creo en Jesucristo, su único Hijo, nuestro Señor,

(En las palabras que siguen, hasta "María Virgen", todos inclinamos la cabeza).

que fue concebido por obra y gracia del Espíritu Santo, nació de santa María Virgen, padeció bajo el poder de Poncio Pilato, fue crucificado, muerto y sepultado, descendió a los infiernos, al tercer día resucitó de entre los muertos, subió a los cielos y está sentado a la derecha de Dios, Padre todopoderoso. Desde allí ha de venir a juzgar a vivos y muertos.

Creo en el Espíritu Santo, la santa Iglesia católica, la comunión de los santos, el perdón de los pecados, la resurrección de la carne y la vida eterna. Amén.

Rezamos por todo el mundo

Es el momento de presentarle a Dios nuestras peticiones. Es la plegaria universal. Le pedimos a Dios por la Iglesia, por toda la humanidad, por los que sufren alguna enfermedad, por los que están solos, por los niños desamparados, por los que viven calamidades naturales…

Después de cada petición todos repetimos una frase que se nos dirá antes de comenzar esta oración:

Todos: Te lo pedimos, Señor.
O bien: Escúchanos, Señor.

La Eucaristía

Le presentamos a Dios el pan y el vino

Aquí comienza la celebración de la Cena del Señor. Se ponen el pan y el vino sobre el altar. El sacerdote los presenta a Dios y todos bendecimos a Dios con él.

Nos sentamos. El sacerdote toma el pan y lo levanta delante de sí, diciendo:

Sacerdote: Bendito seas, Señor, Dios del universo, por este pan, fruto de la tierra y del trabajo del hombre, que recibimos de tu generosidad y ahora te presentamos; él será para nosotros pan de vida.

Todos: Bendito seas por siempre, Señor.

Sacerdote: Bendito seas, Señor, Dios del universo, por este vino, fruto de la vid y del trabajo del hombre, que recibimos de tu generosidad y ahora te presentamos; él será para nosotros bebida de salvación.

Todos: Bendito seas por siempre, Señor.

El sacerdote se lava las manos. Después dice:

Sacerdote: Oren, hermanos, para que este sacrificio, mío y de ustedes, sea agradable a Dios, Padre todopoderoso.

Todos: El Señor reciba de tus manos este sacrificio, para alabanza y gloria de su nombre, para nuestro bien y el de toda su santa Iglesia.

El sacerdote dice en voz alta una oración propia del domingo, que puede terminar así:

Sacerdote: Por Jesucristo, nuestro Señor.

Todos: Amén.

Le damos gracias a Dios

En este momento le damos gracias a Dios por su Hijo Jesucristo, por la vida y por todo lo que nos da. Así comienza la gran Plegaria eucarística. En estas páginas encontrarás una manera de celebrar la Eucaristía, especialmente dirigida a los niños; en la página 16 encontrarás la manera más común de celebrar la Eucaristía con la gente grande (la Plegaria eucarística segunda).

Sacerdote: El Señor esté con ustedes.

Todos: Y con tu espíritu.

Sacerdote: Levantemos el corazón.

Todos: Lo tenemos levantado hacia el Señor.

Sacerdote: Demos gracias al Señor, nuestro Dios.

Todos: Es justo y necesario.

El sacerdote dice una oración, que puede ser ésta:

Sacerdote: Dios nuestro, Padre bueno, tú has querido que nos reunamos en tu presencia para celebrar una fiesta contigo, para alabarte y para decirte lo mucho que te admiramos. Te alabamos por todas las cosas bellas que has hecho en el mundo y por la alegría que has dado a nuestros corazones. Te alabamos por la luz del sol y por tu Palabra que ilumina nuestras vidas. Te damos gracias por esta tierra tan hermosa que nos has dado, por los hombres que la habitan y por habernos hecho el regalo de la vida. De veras, Señor, tú nos amas, eres bueno y haces maravillas por nosotros. Por eso todos juntos te cantamos:

Todos: Santo, Santo, Santo es el Señor, Dios del universo.

Sacerdote: Tú, Padre santo, que siempre piensas en las personas y no quieres estar lejos de ellas, nos enviaste a Jesús, tu Hijo muy querido. Él vino para salvarnos, curó a los enfermos, perdonó a los pecadores, a todos les mostró tu amor, se hizo amigo de los niños y los bendijo. Por eso, Padre, con el corazón agradecido te aclamamos:

Todos: Llenos están el cielo y la tierra de tu gloria. Hosanna en el cielo.

Sacerdote: Padre clementísimo, no estamos solos para alabarte, puesto que por todo el mundo tu pueblo te glorifica. Por eso, nos dirigimos a ti con toda la Iglesia, con el Santo Padre, el Papa **N.**, y nuestro Obispo **N.** También en el cielo la Virgen María, su esposo san José, los Apóstoles y todos los santos, te alaban sin cesar. Con ellos y con los Ángeles te cantamos el himno de tu gloria, diciendo a una sola voz:

Todos: Bendito el que viene en nombre del Señor. Hosanna en el cielo.

Sacerdote: Padre santo, para mostrarte nuestro agradecimiento, hemos traído este pan y este vino; haz que, por la fuerza de tu Espíritu, se conviertan en el Cuerpo y en la Sangre de Jesucristo, † tu Hijo muy amado.

(Todos se ponen de rodillas).

Sacerdote: Así podremos ofrecerte lo que tú mismo nos regalas. Porque Jesús, la víspera de su muerte, mientras cenaba con sus Apóstoles, tomó pan de la mesa y, dándote gracias, te bendijo, lo partió y se lo dio, diciendo:

Tomen y coman todos de él, porque esto es mi Cuerpo, que será entregado por ustedes.

Del mismo modo, al terminar la cena, tomó el cáliz, lleno de vino, y, dándote gracias de nuevo, lo dio a sus discípulos, diciendo:

Tomen y beban todos de él, porque éste es el cáliz de mi Sangre, Sangre de la alianza nueva y eterna, que será derramada por ustedes y por muchos para el perdón de los pecados.

Y les dijo también: **Hagan esto en conmemoración mía.**

Padre santo, lo que Jesús nos mandó que hiciéramos, lo realizamos aquí con respeto; te ofrecemos el pan de la vida y el cáliz de la salvación, proclamando así la muerte y la resurrección de tu Hijo. Él es quien nos conduce bondadosamente hacia ti; acéptanos a nosotros juntamente con él. Aclamen a Jesús aquí presente.

Todos: Cristo murió por nosotros. Cristo ha resucitado. Cristo vendrá de nuevo. Te esperamos, Señor Jesús.

Sacerdote: Padre bueno, tú que tanto nos amas, permite que nos acerquemos a esta mesa santa, y envíanos el Espíritu Santo para que recibamos el Cuerpo y la Sangre de tu Hijo, y lleguemos a ser un solo corazón y una sola alma.

A ti, Señor, que nunca olvidas a nadie, te pedimos por todas las personas que amamos: por nuestro Santo Padre, el Papa **N.**, y por nuestro Obispo **N.**, por nuestros papás, hermanos y amigos, y por todos los que han muerto en tu paz.

Acuérdate de todos los que sufren y viven tristes, de tu gran familia de los cristianos extendida por toda la tierra y de todos los que viven en este mundo.

Al ver todo lo que tú haces en favor nuestro por medio de Jesucristo, tu Hijo, nos quedamos admirados y de nuevo te damos gracias y te bendecimos.

Por Cristo, con él y en él, a ti, Dios Padre omnipotente, en la unidad del Espíritu Santo, todo honor y toda gloria por los siglos de los siglos.

Todos: Amén.

Plegaria eucarística segunda

Sacerdote: Santo eres en verdad, Señor, fuente de toda santidad; por eso te pedimos que santifiques estos dones con la efusión de tu Espíritu, de manera que se conviertan para nosotros en el Cuerpo y † la Sangre de Jesucristo, nuestro Señor. El cual, cuando iba a ser entregado a su Pasión, voluntariamente aceptada, tomó pan, dándote gracias, lo partió y lo dio a sus discípulos, diciendo:

Tomen y coman todos de él, porque esto es mi Cuerpo, que será entregado por ustedes.

Del mismo modo, acabada la cena, tomó el cáliz, y, dándote gracias de nuevo, lo pasó a sus discípulos, diciendo:

Tomen y beban todos de él, porque éste es el cáliz de mi Sangre, Sangre de la alianza nueva y eterna, que será derramada por ustedes y por muchos para el perdón de los pecados.

Hagan esto en conmemoración mía.

Éste es el Sacramento de nuestra fe.

Todos: Anunciamos tu muerte, proclamamos tu resurrección. ¡Ven, Señor Jesús!

Sacerdote: Así, pues, Padre, al celebrar ahora el memorial de la muerte y resurrección de tu Hijo, te ofrecemos el pan de vida y el cáliz de salvación, y te damos gracias porque nos haces dignos de servirte en tu presencia. Te pedimos humildemente que el Espíritu Santo congregue en la unidad a cuantos participamos del Cuerpo y la Sangre de Cristo. Acuérdate, Señor, de tu Iglesia extendida por toda la tierra; y con el Papa **N.**, con nuestro Obispo **N.**, y todos los pastores que cuidan de tu pueblo, llévala a su perfección por la caridad. Acuérdate también de nuestros hermanos que se durmieron en la esperanza de la resurrección, y de todos los que han muerto en tu misericordia; admítelos a contemplar la luz de tu rostro. Ten misericordia de todos nosotros, y así, con María, la Virgen Madre de Dios, su esposo san José, los apóstoles y cuantos vivieron en tu amistad a través de los tiempos, merezcamos, por tu Hijo Jesucristo, compartir la vida eterna y cantar tus alabanzas. Por Cristo, con él y en él, a ti, Dios Padre omnipotente, en la unidad del Espíritu Santo, todo honor y toda gloria por los siglos de los siglos.

Todos: Amén.

Decimos el Padrenuestro

Jesús nos ha enseñado que Dios es el Padre de todos los seres humanos. Nos enseña a orar invocando juntos a nuestro Padre y juntos decimos o cantamos esta oración:

Sacerdote: Fieles a la recomendación del Salvador y siguiendo su divina enseñanza, nos atrevemos a decir:

Todos: Padre nuestro, que estás en el cielo, santificado sea tu nombre; venga a nosotros tu reino; hágase tu voluntad en la tierra como en el cielo. Danos hoy nuestro pan de cada día; perdona nuestras ofensas, como también nosotros perdonamos a los que nos ofenden; no nos dejes caer en la tentación, y líbranos del mal.

Sacerdote: Líbranos de todos los males, Señor, y concédenos la paz en nuestros días, para que, ayudados por tu misericordia, vivamos siempre libres de pecado y protegidos de toda perturbación, mientras esperamos la gloriosa venida de nuestro Salvador Jesucristo.

Todos: Tuyo es el reino, tuyo el poder y la gloria, por siempre, Señor.

Nos damos la paz de Cristo

Dios es nuestro Papá y nosotros somos hermanos y hermanas en Jesucristo. Para mostrar que somos de la misma familia, el sacerdote nos invita a darnos una señal de paz.

Sacerdote: Señor Jesucristo, que dijiste a tus apóstoles: "La paz les dejo, mi paz les doy", no tengas en cuenta nuestros pecados, sino la fe de tu Iglesia y, conforme a tu palabra, concédele la paz y la unidad. Tú que vives y reinas por los siglos de los siglos.
Todos: Amén.
Sacerdote: La paz del Señor esté siempre con ustedes.
Todos: Y con tu espíritu.
Sacerdote: Dense fraternalmente la paz.

En este momento, por medio de un apretón de manos, un abrazo, una palmada, un beso… deseamos la paz a las personas que están más cerca de nosotros.

El sacerdote parte la hostia y decimos:

Todos: Cordero de Dios, que quitas el pecado del mundo, ten piedad de nosotros. Cordero de Dios, que quitas el pecado del mundo, ten piedad de nosotros. Cordero de Dios, que quitas el pecado del mundo, danos la paz.

En la Comunión recibimos a Jesús

Al recibir la Comunión, el Pan de vida, nos alimentamos con la vida de Jesucristo.

El sacerdote muestra la hostia y dice:

Sacerdote: Éste es el Cordero de Dios, que quita el pecado del mundo. Dichosos los invitados a la cena del Señor.
Todos: Señor, no soy digno de que entres en mi casa, pero una palabra tuya bastará para sanarme.

Los que reciben la Comunión se acercan hasta el sitio en el que el sacerdote la distribuye y dice:

Sacerdote: El Cuerpo de Cristo.
Respuesta personal: Amén.

El envío

Oración después de la Comunión

El sacerdote dice en voz alta la oración propia del domingo, que puede terminar así:

Sacerdote: Por Jesucristo, nuestro Señor.
Todos: Amén.

El Señor nos envía a casa

Después de algunos avisos, el sacerdote nos da la bendición de Dios. Cada uno es enviado a compartir su fe, su tiempo, sus juegos, su trabajo, con todos los que encuentre durante la semana.

Sacerdote: El Señor esté con ustedes.
Todos: Y con tu espíritu.
Sacerdote: La bendición de Dios todopoderoso, Padre, Hijo ✝, y Espíritu Santo, descienda sobre ustedes.
Todos: Amén.

Después el sacerdote nos despide con alguna frase como ésta:

Sacerdote: La alegría del Señor sea nuestra fuerza. Pueden ir en paz.
Todos: Demos gracias a Dios.

Año litúrgico

A lo largo de todo el año los cristianos celebramos juntos los grandes momentos de la vida de Jesucristo: esto es el Año litúrgico.

Adviento: Es el tiempo de la espera. Comienza cuatro domingos antes de Navidad. Nos preparamos para recibir a Jesús.

Navidad: La festejamos desde el día de Navidad hasta la fiesta del Bautismo de Jesús, incluyendo la Epifanía (la visita de los magos al Niño) en que celebramos que Jesús se haya manifestado al mundo.

Cuaresma: Durante cuarenta días, desde el Miércoles de Ceniza hasta la Semana Santa, nos preparamos para la gran fiesta de la Pascua, que es el momento más importante del año: la resurrección del Señor.

Pascua: La celebramos desde el domingo de Pascua, en la Vigilia Pascual, hasta la fiesta de Pentecostés, o sea, la venida del Espíritu Santo.

El resto del Año litúrgico se llama **Tiempo Ordinario**.

Los pastores fueron a toda prisa hacia Belén

1 de enero • Santa María, Madre de Dios • Blanco

Del libro de los Números: 6, 22-27

En aquel tiempo, el Señor habló a Moisés y le dijo:
"Di a Aarón y a sus hijos: 'De esta manera bende-
cirán a los israelitas: El Señor te bendiga y te proteja,
haga resplandecer su rostro sobre ti y te conceda su favor. Que el
Señor te mire con benevolencia y te conceda la paz'.
    Así invocarán mi nombre sobre los israelitas y yo los bendeciré".

Palabra de Dios.   R. Te alabamos, Señor.

Del salmo 66

R. Ten piedad de nosotros Señor, y bendícenos.

Ten piedad de nosotros y bendícenos;
vuelve, Señor, tus ojos a nosotros.
Que conozca la tierra tu bondad
y los pueblos tu obra salvadora. R

Las naciones con júbilo te canten,
porque juzgas al mundo con justicia;
con equidad tú juzgas a los pueblos
y riges en la tierra a las naciones. R

Que te alaben, Señor, todos los pueblos,
que los pueblos te aclamen todos juntos.
Que nos bendiga Dios y que le rinda
honor el mundo entero. R

De la carta del apóstol san Pablo a los gálatas: 4, 4-7

Hermanos: Al llegar la plenitud de los tiempos, envió Dios a su Hijo, nacido de una mujer, nacido bajo la ley, para rescatar a los que estábamos bajo la ley, a fin de hacernos hijos suyos.

Puesto que ya son ustedes hijos, Dios envió a sus corazones el Espíritu de su Hijo, que clama "¡Abbá!", es decir, ¡Padre! Así que ya no eres siervo, sino hijo; y siendo hijo, eres también heredero por voluntad de Dios.

Palabra de Dios. R. Te alabamos, Señor.

Del santo Evangelio según san Lucas: 2, 16-21

R. Gloria a ti, Señor.

En aquel tiempo, los pastores fueron a toda prisa hacia Belén y encontraron a María, a José y al niño, recostado en el pesebre. Después de verlo, contaron lo que se les había dicho de aquel niño, y cuantos los oían quedaban maravillados. María, por su parte, guardaba todas estas cosas y las meditaba en su corazón.

Los pastores se volvieron a sus campos, alabando y glorificando a Dios por todo cuanto habían visto y oído, según lo que se les había anunciado.

Cumplidos los ocho días, circuncidaron al niño y le pusieron el nombre de Jesús, aquel mismo que había dicho el ángel, antes de que el niño fuera concebido.

Palabra del Señor.
R. Gloria a ti, Señor Jesús.

Vimos surgir su estrella y hemos venido a adorarlo

7 de enero • La Epifanía del Señor • Blanco

Del libro del profeta Isaías: 60, 1-6

Levántate y resplandece, Jerusalén, porque ha llegado tu luz y la gloria del Señor alborea sobre ti. Mira: las tinieblas cubren la tierra y espesa niebla envuelve a los pueblos; pero sobre ti resplandece el Señor y en ti se manifiesta su gloria. Caminarán los pueblos a tu luz y los reyes, al resplandor de tu aurora.

Levanta los ojos y mira alrededor: todos se reúnen y vienen a ti; tus hijos llegan de lejos, a tus hijas las traen en brazos. Entonces verás esto radiante de alegría; tu corazón se alegrará, y se ensanchará, cuando se vuelquen sobre ti los tesoros del mar y te traigan las riquezas de los pueblos. Te inundará una multitud de camellos y dromedarios, procedentes de Madián y de Efá. Vendrán todos los de Sabá trayendo incienso y oro y proclamando las alabanzas del Señor.

Palabra de Dios.   R. Te alabamos, Señor.

Del salmo 71

R. Que te adoren, Señor, todos los pueblos.

Comunica, Señor, al rey tu juicio,
y tu justicia al que es hijo de reyes;
así tu siervo saldrá en defensa de tus pobres
y regirá a tu pueblo justamente. R.

Florecerá en sus días la justicia
y reinará la paz, era tras era.
De mar a mar se extenderá su reino
y de un extremo al otro de la tierra. R.

Los reyes de occidente y de las islas
le ofrecerán sus dones.
Ante él se postrarán todos los reyes
y todas las naciones. R.

Al débil librará del poderoso
y ayudará al que se encuentra sin amparo;
se apiadará del desvalido y pobre
y salvará la vida al desdichado. R.

De la carta del apóstol san Pablo a los efesios: 3, 2-3. 5-6

Hermanos: Han oído hablar de la distribución de la gracia de Dios, que se me ha confiado en favor de ustedes. Por revelación se me dio a conocer este designio secreto, que no había sido manifestado a los hombres en otros tiempos, pero que ha sido revelado ahora por el Espíritu a sus santos apóstoles y profetas: es decir, que por el Evangelio, también los paganos son coherederos de la misma herencia, miembros del mismo cuerpo y partícipes de la misma promesa en Jesucristo.

Palabra de Dios.   R. Te alabamos, Señor.

Del santo Evangelio según san Mateo: 2, 1-12

R. Gloria a ti, Señor.

Jesús nació en Belén de Judá, en tiempos del rey Herodes. Unos magos de oriente llegaron entonces a Jerusalén y preguntaron: "¿Dónde está el rey de los judíos que acaba de nacer? Porque vimos surgir su estrella y hemos venido a adorarlo".

Al enterarse de esto, el rey Herodes se sobresaltó y toda Jerusalén con él. Convocó entonces a los sumos sacerdotes y a los escribas del pueblo y les preguntó dónde tenía que nacer el Mesías. Ellos le contestaron: "En Belén de Judá, porque así lo ha escrito el profeta: *Y tú, Belén, tierra de Judá, no eres en manera alguna la menor entre las ciudades ilustres de Judá, pues de ti saldrá un jefe, que será el pastor de mi pueblo, Israel*".

Entonces Herodes llamó en secreto a los magos, para que le precisaran el tiempo en que se les había aparecido la estrella y los mandó a Belén, diciéndoles: "Vayan a averiguar cuidadosamente qué hay de ese niño, y cuando lo encuentren, avísenme para que yo también vaya a adorarlo".

Después de oír al rey, los magos se pusieron en camino, y de pronto la estrella que habían visto surgir, comenzó a guiarlos, hasta que se detuvo encima de donde estaba el niño. Al ver de nuevo la estrella, se llenaron de inmensa alegría. Entraron en la casa y vieron al niño con María, su madre, y postrándose, lo adoraron. Después, abriendo sus cofres, le ofrecieron regalos: oro, incienso y mirra. Advertidos durante el sueño de que no volvieran a Herodes, regresaron a su tierra por otro camino.

Palabra del Señor.
R. Gloria a ti, Señor Jesús.

Tú eres Simón, hijo de Juan. Tú te llamarás Kefás

14 de enero • 2º Domingo del Tiempo Ordinario • Verde

Del libro del profeta Samuel: 3, 3-10. 19

En aquellos días, el joven Samuel servía en el templo a las órdenes del sacerdote Elí. Una noche, estando Elí acostado en su habitación y Samuel en la suya, dentro del santuario donde se encontraba el arca de Dios, el Señor llamó a Samuel y éste respondió: "Aquí estoy". Fue corriendo a donde estaba Elí y le dijo: "Aquí estoy. ¿Para qué me llamaste?". Respondió Elí: "Yo no te he llamado. Vuelve a acostarte". Samuel se fue a acostar. Volvió el Señor a llamarlo y él se levantó, fue a donde estaba Elí y le dijo: "Aquí estoy. ¿Para qué me llamaste?". Respondió Elí: "No te he llamado, hijo mío. Vuelve a acostarte".

Aún no conocía Samuel al Señor, pues la palabra del Señor no le había sido revelada. Por tercera vez llamó el Señor a Samuel; éste se levantó, fue a donde estaba Elí y le dijo: "Aquí estoy. ¿Para qué me llamaste?".

Entonces comprendió Elí que era el Señor quien llamaba al joven y dijo a Samuel: "Ve a acostarte, y si te llama alguien, responde: 'Habla, Señor; tu siervo te escucha'". Y Samuel se fue a acostar.

De nuevo el Señor se presentó y lo llamó como antes: "Samuel, Samuel". Éste respondió: "Habla, Señor; tu siervo te escucha".

Samuel creció y el Señor estaba con él. Y todo lo que el Señor le decía, se cumplía.

Palabra de Dios.   R. Te alabamos, Señor.

Del salmo 39

R. Aquí estoy, Señor, para hacer tu voluntad.

Esperé en el Señor con gran confianza,
él se inclinó hacia mí y escuchó mis plegarias.
Él me puso en la boca un canto nuevo,
un himno a nuestro Dios. R.

Sacrificios y ofrendas no quisiste,
abriste, en cambio, mis oídos a tu voz.
No exigiste holocaustos por la culpa,
así que dije: "Aquí estoy". R.

En tus libros se me ordena
hacer tu voluntad;
esto es, Señor, lo que deseo:
tu ley en medio de mi corazón. R.

He anunciado tu justicia en la gran asamblea;
no he cerrado mis labios, tú lo sabes, Señor. R.

De la primera carta del apóstol san Pablo a los corintios: 6, 13-15. 17-20

Hermanos: El cuerpo no es para fornicar, sino para servir al Señor; y el Señor, para santificar el cuerpo. Dios resucitó al Señor y nos resucitará también a nosotros con su poder.

¿No saben ustedes que sus cuerpos son miembros de Cristo? Y el que se une al Señor, se hace un solo espíritu con él. Huyan, por lo tanto, de la fornicación. Cualquier otro pecado que cometa una persona, queda fuera de su cuerpo; pero el que fornica, peca contra su propio cuerpo.

¿O es que no saben ustedes que su cuerpo es templo del Espíritu Santo, que han recibido de Dios y habita en ustedes? No son ustedes sus propios dueños, porque Dios los ha comprado a un precio muy caro. Glorifiquen, pues, a Dios con el cuerpo.

Palabra de Dios.　R. Te alabamos, Señor.

Del santo Evangelio según san Juan: 1, 35-42

R. Gloria a ti, Señor.

En aquel tiempo, estaba Juan el Bautista con dos de sus discípulos, y fijando los ojos en Jesús, que pasaba, dijo: "Éste es el Cordero de Dios". Los dos discípulos, al oír estas palabras, siguieron a Jesús. Él se volvió hacia ellos, y viendo que lo seguían, les preguntó: "¿Qué buscan?". Ellos le contestaron: "¿Dónde vives, Rabí?" (Rabí significa 'maestro'). Él les dijo: "Vengan a ver". Fueron, pues, vieron dónde vivía y se quedaron con él ese día. Eran como las cuatro de la tarde. Andrés, hermano de Simón Pedro, era uno de los dos que oyeron lo que Juan el Bautista decía y siguieron a Jesús. El primero a quien encontró Andrés, fue a su hermano Simón, y le dijo: "Hemos encontrado al Mesías" (que quiere decir 'el Ungido'). Lo llevó a donde estaba Jesús y éste, fijando en él la mirada, le dijo: "Tú eres Simón, hijo de Juan. Tú te llamarás Kefás" (que significa Pedro, es decir, 'roca').

Palabra del Señor.　R. Gloria a ti, Señor Jesús.

Síganme y haré de ustedes pescadores de hombres

21 de enero • 3er Domingo del Tiempo Ordinario • Verde

Del libro del profeta Jonás: 3, 1-5. 10

En aquellos días, el Señor volvió a hablar a Jonás y le dijo: "Levántate y vete a Nínive, la gran capital, para anunciar ahí el mensaje que te voy a indicar".

Se levantó Jonás y se fue a Nínive, como le había mandado el Señor. Nínive era una ciudad enorme: hacían falta tres días para recorrerla. Jonás caminó por la ciudad durante un día, pregonando: "Dentro de cuarenta días Nínive será destruida".

Los ninivitas creyeron en Dios, ordenaron un ayuno y se vistieron de sayal, grandes y pequeños. Cuando Dios vio sus obras y cómo se convertían de su mala vida, cambió de parecer y no les mandó el castigo que había determinado imponerles.

Palabra de Dios.   R. Te alabamos, Señor.

Del salmo 24

R. Descúbrenos, Señor, tus caminos.

Descúbrenos, Señor, tus caminos,
guíanos con la verdad de tu doctrina.
Tú eres nuestro Dios y salvador
y tenemos en ti nuestra esperanza. R.

Acuérdate, Señor, que son eternos
tu amor y tu ternura.
Según ese amor y esa ternura,
acuérdate de nosotros. R.

Porque el Señor es recto y bondadoso,
indica a los pecadores el sendero,
guía por la senda recta a los humildes
y descubre a los pobres sus caminos. R.

De la primera carta del apóstol san Pablo a los corintios: 7, 29-31

Hermanos: Les quiero decir una cosa: el tiempo apremia. Por lo tanto, conviene que los casados vivan como si no lo estuvieran; los que sufren, como si no sufrieran; los que están alegres, como si no se alegraran; los que compran, como si no compraran; los que disfrutan del mundo, como si no disfrutaran de él; porque este mundo que vemos es pasajero.

Palabra de Dios.   R. Te alabamos, Señor.

Del santo Evangelio según san Marcos: 1, 14-20

R. Gloria a ti, Señor.

Después de que arrestaron a Juan el Bautista, Jesús se fue a Galilea para predicar el Evangelio de Dios y decía: "Se ha cumplido el tiempo y el Reino de Dios ya está cerca. Conviértanse y crean en el Evangelio".

Caminaba Jesús por la orilla del lago de Galilea, cuando vio a Simón y a su hermano, Andrés, echando las redes en el lago, pues eran pescadores. Jesús les dijo: "Síganme y haré de ustedes pescadores de hombres". Inmediatamente dejaron las redes y lo siguieron.

Un poco más adelante, vio a Santiago y a Juan, hijos de Zebedeo, que estaban en una barca, remendando sus redes. Los llamó, y ellos, dejando en la barca a su padre con los trabajadores, se fueron con Jesús.

Palabra del Señor.
R. Gloria a ti, Señor Jesús.

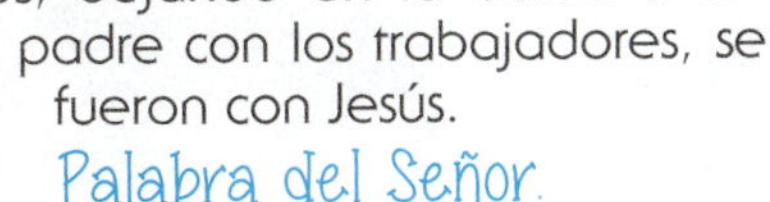

Enseñaba como quien tiene autoridad

28 de enero • 4º Domingo del Tiempo Ordinario • Verde

Del libro del Deuteronomio: 18, 15-20

En aquellos días, habló Moisés al pueblo, diciendo: "El Señor Dios hará surgir en medio de ustedes, entre sus hermanos, un profeta como yo. A él lo escucharán. Eso es lo que pidieron al Señor, su Dios, cuando estaban reunidos en el monte Horeb: 'No queremos volver a oír la voz del Señor nuestro Dios, ni volver a ver otra vez ese gran fuego; pues no queremos morir'.

El Señor me respondió: 'Está bien lo que han dicho. Yo haré surgir en medio de sus hermanos un profeta como tú. Pondré mis palabras en su boca y él dirá lo que le mande yo. A quien no escuche las palabras que él pronuncie en mi nombre, yo le pediré cuentas. Pero el profeta que se atreva a decir en mi nombre lo que yo no le haya mandado, o hable en nombre de otros dioses, será reo de muerte'".

Palabra de Dios.   R. Te alabamos, Señor.

Del salmo 94

R. Señor, que no seamos sordos a tu voz.

Vengan, lancemos vivas al Señor,
aclamemos al Dios que nos salva.
Acerquémonos a él, llenos de júbilo,
y démosle gracias. R.

Vengan, y puestos de rodillas, adoremos
y bendigamos al Señor, que nos hizo,
pues él es nuestro Dios y nosotros, su pueblo;
él es nuestro pastor y nosotros, sus ovejas. R.

Hagámosle caso al Señor, que nos dice:
"No endurezcan su corazón,
como el día de la rebelión en el desierto,
cuando sus padres dudaron de mí,
aunque habían visto mis obras". R.

De la primera carta del apóstol san Pablo a los corintios: 7, 32-35

Hermanos: Yo quisiera que ustedes vivieran sin preocupaciones. El hombre soltero se preocupa de las cosas del Señor y de cómo agradarle; en cambio, el hombre casado se preocupa de las cosas de esta vida y de cómo agradarle a su esposa, y por eso tiene dividido el corazón. En la misma forma, la mujer que ya no tiene marido y la soltera se preocupan de las cosas del Señor y se pueden dedicar a él en cuerpo y alma. Por el contrario, la mujer casada se preocupa de las cosas de esta vida y de cómo agradarle a su esposo.

Les digo todo esto para bien de ustedes. Se lo digo, no para ponerles una trampa, sino para que puedan vivir constantemente y sin distracciones en presencia del Señor, tal como conviene.

Palabra de Dios.   R. Te alabamos, Señor.

Del santo Evangelio según san Marcos: 1, 21-28

R. Gloria a ti, Señor.

En aquel tiempo, llegó Jesús a Cafarnaúm y el sábado siguiente fue a la sinagoga y se puso a enseñar. Los oyentes quedaron asombrados de sus palabras, pues enseñaba como quien tiene autoridad y no como los escribas.

Había en la sinagoga un hombre poseído por un espíritu inmundo, que se puso a gritar: "¿Qué quieres tú con nosotros, Jesús de Nazaret? ¿Has venido a acabar con nosotros? Ya sé quién eres: el Santo de Dios". Jesús le ordenó: "¡Cállate y sal de él!". El espíritu inmundo, sacudiendo al hombre con violencia y dando un alarido, salió de él. Todos quedaron estupefactos y se preguntaban: "¿Qué es esto? ¿Qué nueva doctrina es ésta? Este hombre tiene autoridad para mandar hasta a los espíritus inmundos y lo obedecen". Y muy pronto se extendió su fama por toda Galilea.

Palabra del Señor.   R. Gloria a ti, Señor Jesús.

Curó a muchos enfermos de diversos males

4 de febrero • 5º Domingo del Tiempo Ordinario • Verde

Del libro de Job: 7, 1-4. 6-7

En aquel día, Job tomó la palabra y dijo:"La vida del hombre en la tierra es como un servicio militar y sus días, como días de un jornalero.Como el esclavo suspira en vano por la sombra y el jornalero se queda aguardando su salario, así me han tocado en suerte meses de infortunio y se me han asignado noches de dolor. Al acostarme, pienso: '¿Cuándo será de día?'. La noche se alarga y me canso de dar vueltas hasta que amanece.

Mis días corren más aprisa que una lanzadera y se consumen sin esperanza. Recuerda, Señor, que mi vida es un soplo. Mis ojos no volverán a ver la dicha".

Palabra de Dios.   R. Te alabamos, Señor.

Del salmo 146

R. Alabemos al Señor, nuestro Dios.

Alabemos al Señor, nuestro Dios,
  porque es hermoso y justo el alabarlo.
  El Señor ha reconstruido a Jerusalén
    y a los dispersos de Israel los ha reunido. R.

El Señor sana los corazones quebrantados
y venda las heridas.
    Tiende su mano a los humildes
      y humilla hasta el polvo a los malvados. R.

Él puede contar el número de estrellas
y llama a cada una por su nombre.
Grande es nuestro Dios, todo lo puede;
su sabiduría no tiene límites. R.

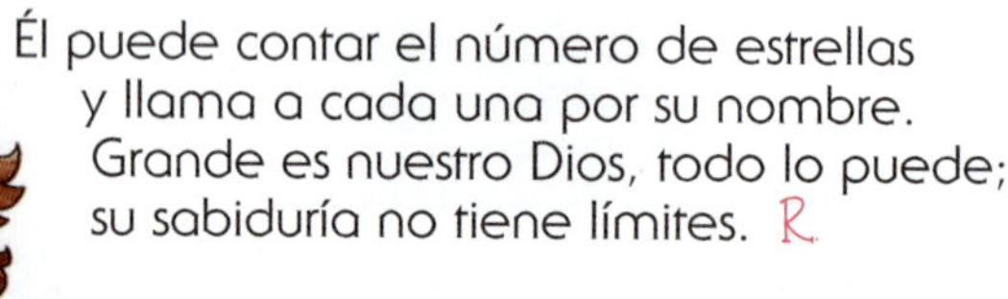

De la primera carta del apóstol san Pablo a los corintios: 9, 16-19. 22-23

Hermanos: No tengo por qué presumir de predicar el Evangelio, puesto que ésa es mi obligación.
¡Ay de mí, si no anuncio el Evangelio! Si yo lo hiciera por propia iniciativa, merecería recompensa; pero si no, es que se me ha confiado una misión. Entonces, ¿en qué consiste mi recompensa? Consiste en predicar el Evangelio gratis, renunciando al derecho que tengo a vivir de la predicación.

Aunque no estoy sujeto a nadie, me he convertido en esclavo de todos, para ganarlos a todos. Con los débiles me hice débil, para ganar a los débiles. Me he hecho todo a todos, a fin de ganarlos a todos. Todo lo hago por el Evangelio, para participar yo también de sus bienes.

Palabra de Dios.   R. Te alabamos, Señor.

Del santo Evangelio según san Marcos: 1, 29-39

R. Gloria a ti, Señor.

En aquel tiempo, al salir Jesús de la sinagoga, fue con Santiago y Juan a casa de Simón y Andrés. La suegra de Simón estaba en cama, con fiebre, y enseguida le avisaron a Jesús. Él se le acercó, y tomándola de la mano, la levantó. En ese momento se le quitó la fiebre y se puso a servirles.

Al atardecer, cuando el sol se ponía, le llevaron a todos los enfermos y poseídos del demonio, y todo el pueblo se apiñó junto a la puerta. Curó a muchos enfermos de diversos males y expulsó a muchos demonios, pero no dejó que los demonios hablaran, porque sabían quién era él.

De madrugada, cuando todavía estaba muy oscuro, Jesús se levantó, salió y se fue a un lugar solitario, donde se puso a orar. Simón y sus compañeros lo fueron a buscar, y al encontrarlo, le dijeron: "Todos te andan buscando". Él les dijo: "Vamos a los pueblos cercanos para predicar también allá el Evangelio, pues para eso he venido". Y recorrió toda Galilea, predicando en las sinagogas y expulsando a los demonios.

Palabra del Señor.   R. Gloria a ti, Señor Jesús.

Del libro del Levítico: 13, 1-2. 44-46

El Señor dijo a Moisés y a Aarón: "Cuando alguno tenga en su carne una o varias manchas escamosas o una mancha blanca y brillante, síntomas de la lepra, será llevado ante el sacerdote Aarón o ante cualquiera de sus hijos sacerdotes. Se trata de un leproso, y el sacerdote lo declarará impuro. El que haya sido declarado enfermo de lepra, traerá la ropa descosida, la cabeza descubierta, se cubrirá la boca e irá gritando: '¡Estoy contaminado! ¡Soy impuro!'. Mientras le dure la lepra, seguirá impuro y vivirá solo, fuera del campamento".

Palabra de Dios.   R. Te alabamos, Señor.

Del salmo 31

R. Perdona, Señor, nuestros pecados.

Dichoso aquel que ha sido absuelto
de su culpa y su pecado.
Dichoso aquel en el que Dios no encuentra
ni delito ni engaño. R.

Ante el Señor reconocí mi culpa,
no oculté mi pecado.
Te confesé, Señor, mi gran delito
y tú me has perdonado. R.

Alégrense con el Señor
y regocíjense los justos todos,
y todos los hombres
de corazón sincero
canten de gozo. R.

De la primera carta del apóstol san Pablo a los corintios: 10, 31–11, 1

Hermanos: Todo lo que hagan ustedes, sea comer, o beber, o cualquier otra cosa, háganlo todo para gloria de Dios. No den motivo de escándalo ni a los judíos, ni a los paganos, ni a la comunidad cristiana. Por mi parte, yo procuro dar gusto a todos en todo, sin buscar mi propio interés, sino el de los demás, para que se salven. Sean, pues, imitadores míos, como yo lo soy de Cristo.

Palabra de Dios.   R. Te alabamos, Señor.

Del santo Evangelio según san Marcos: 1, 40-45

R. Gloria a ti, Señor.

En aquel tiempo, se le acercó a Jesús un leproso para suplicarle de rodillas: "Si tú quieres, puedes curarme". Jesús se compadeció de él, y extendiendo la mano, lo tocó y le dijo: "¡Sí quiero: sana!". Inmediatamente se le quitó la lepra y quedó limpio.

Al despedirlo, Jesús le mandó con severidad: "No se lo cuentes a nadie; pero para que conste, ve a presentarte al sacerdote y ofrece por tu purificación lo prescrito por Moisés".

Pero aquel hombre comenzó a divulgar tanto el hecho, que Jesús no podía ya entrar abiertamente en la ciudad, sino que se quedaba fuera, en lugares solitarios, a donde acudían a él de todas partes.

Palabra del Señor.

R. Gloria a ti, Señor Jesús.

Y tu Padre, que ve lo secreto, te recompensará

14 de febrero • Miércoles de Ceniza • Morado

Del libro del profeta Joel: 2, 12-18

Esto dice el Señor:"Todavía es tiempo. Conviértanse a mí de todo corazón, con ayunos, con lágrimas y llanto; enluten su corazón y no sus vestidos.

Conviértanse al Señor su Dios, porque es compasivo y misericordioso, lento a la cólera, rico en clemencia, y se conmueve ante la desgracia".

Quizá se arrepienta, se compadezca de nosotros y nos deje una bendición, que haga posibles las ofrendas y libaciones al Señor, nuestro Dios.

Toquen la trompeta en Sión, promulguen un ayuno, convoquen la asamblea, reúnan al pueblo, santifiquen la reunión, junten a los ancianos, convoquen a los niños, aun a los niños de pecho. Que el recién casado deje su alcoba y su tálamo la recién casada.

Entre el vestíbulo y el altar lloren los sacerdotes, ministros del Señor, diciendo: "Perdona, Señor, perdona a tu pueblo. No entregues tu heredad a la burla de las naciones". Que no digan los paganos: "¿Dónde está el Dios de Israel?". Y el Señor se llenó de celo por su tierra y tuvo piedad de su pueblo.

Palabra de Dios.   R. Te alabamos, Señor.

Del salmo 39

R. Misericordia, Señor, hemos pecado.

Por tu inmensa compasión y misericordia,
Señor, apiádate de mí y olvida mis ofensas.
Lávame bien de todos mis delitos
y purifícame de mis pecados. R.

Puesto que reconozco mis culpas,
tengo siempre presentes mis pecados.
Contra ti solo pequé, Señor,
haciendo lo que a tus ojos era malo. R.

Crea en mí, Señor, un corazón puro,
un espíritu nuevo para cumplir tus mandamientos.
No me arrojes, Señor, lejos de ti,
ni retires de mí tu santo espíritu. R.

Devuélveme tu salvación, que regocija,
y mantén en mí un alma generosa.
Señor, abre mis labios
y cantará mi boca tu alabanza. R.

De la segunda carta del apóstol san Pablo a los corintios: 5, 20—6, 2

Hermanos: Somos embajadores de Cristo, y por nuestro medio, es como si Dios mismo los exhortara a ustedes. En nombre de Cristo les pedimos que se dejen reconciliar con Dios. Al que nunca cometió pecado, Dios lo hizo "pecado" por nosotros, para que, unidos a él, recibamos la salvación de Dios y nos volvamos justos y santos.

Como colaboradores que somos de Dios, los exhortamos a no echar su gracia en saco roto. Porque el Señor dice: *En el tiempo favorable te escuché y en el día de la salvación te socorrí.* Pues bien, ahora es el tiempo favorable; ahora es el día de la salvación.

Palabra de Dios.   R. Te alabamos, Señor.

Del santo Evangelio según san Mateo: 6, 1-6. 16-18

R. Gloria a ti, Señor.

En aquel tiempo, Jesús dijo a sus discípulos: "Tengan cuidado de no practicar sus obras de piedad delante de los hombres para que los vean. De lo contrario, no tendrán recompensa con su Padre celestial.

Por lo tanto, cuando des limosna, no lo anuncies con trompeta, como hacen los hipócritas en las sinagogas y por las calles, para que los alaben los hombres. Yo les aseguro que ya recibieron su recompensa. En cambio, cuando tú des limosna, que no sepa tu mano izquierda lo que hace la derecha, para que tu limosna quede en secreto; y tu Padre, que ve lo secreto, te recompensará.

Cuando ustedes hagan oración, no sean como los hipócritas, a quienes les gusta orar de pie en las sinagogas y en las esquinas de las plazas, para que los vea la gente. Yo les aseguro que ya recibieron su recompensa. Tú, en cambio, cuando vayas a orar, entra en tu cuarto, cierra la puerta y ora ante tu Padre, que está allí, en lo secreto; y tu Padre, que ve lo secreto, te recompensará.

Cuando ustedes ayunen, no pongan cara triste, como esos hipócritas que descuidan la apariencia de su rostro, para que la gente note que están ayunando. Yo les aseguro que ya recibieron su recompensa. Tú, en cambio, cuando ayunes, perfúmate la cabeza y lávate la cara, para que no sepa la gente que estás ayunando, sino tu Padre, que está en lo secreto; y tu Padre, que ve lo secreto, te recompensará".

Palabra del Señor.   R. Gloria a ti, Señor Jesús.

Conviertánse y crean en el Evangelio

18 de febrero · 1er Domingo de Cuaresma · Morado

Del libro del Génesis: 9, 8-15

En aquellos días, dijo Dios a Noé y a sus hijos: "Ahora establezco una alianza con ustedes y con sus descendientes, con todos los animales que los acompañaron, aves, ganados y fieras, con todos los que salieron del arca, con todo ser viviente sobre la tierra. Ésta es la alianza que establezco con ustedes: No volveré a exterminar la vida con el diluvio, ni habrá otro diluvio que destruya la tierra".

Y añadió: "Ésta es la señal de la alianza perpetua que yo establezco con ustedes y con todo ser viviente que esté con ustedes: pondré mi arco iris en el cielo como señal de mi alianza con la tierra, y cuando yo cubra de nubes la tierra, aparecerá el arco iris y me acordaré de mi alianza con ustedes y con todo ser viviente. No volverán las aguas del diluvio a destruir la vida".

Palabra de Dios.   R. Te alabamos, Señor.

Del salmo 24

R. Descúbrenos, Señor, tus caminos.

Descúbrenos, Señor, tus caminos,
guíanos con la verdad de tu doctrina.
Tú eres nuestro Dios y salvador
y tenemos en ti nuestra esperanza. R.

Acuérdate, Señor, que son eternos
tu amor y tu ternura.
Según ese amor y esa ternura,
acuérdate de nosotros. R.

Porque el Señor es recto y bondadoso,
indica a los pecadores el sendero,
        guía por la senda recta a los humildes
            y descubre a los pobres sus caminos. R.

De la primera carta del apóstol san Pedro: 3, 18-22

Hermanos: Cristo murió, una sola vez y para siempre, por los pecados de los hombres; él, el justo, por nosotros, los injustos, para llevarnos a Dios; murió en su cuerpo y resucitó glorificado. En esta ocasión, fue a proclamar su mensaje a los espíritus encarcelados, que habían sido rebeldes en los tiempos de Noé, cuando la paciencia de Dios aguardaba, mientras se construía el arca, en la que unos pocos, ocho personas, se salvaron flotando sobre el agua. Aquella agua era figura del bautismo, que ahora los salva a ustedes y que no consiste en quitar la inmundicia corporal, sino en el compromiso de vivir con una buena conciencia ante Dios, por la resurrección de Cristo Jesús, Señor nuestro, que subió al cielo y está a la derecha de Dios, a quien están sometidos los ángeles, las potestades y las virtudes.

Palabra de Dios.   R. Te alabamos, Señor.

Del santo Evangelio según san Marcos: 1, 12-15

R. Gloria a ti, Señor.

En aquel tiempo, el Espíritu impulsó a Jesús a retirarse al desierto, donde permaneció cuarenta días y fue tentado por Satanás. Vivió allí entre animales salvajes, y los ángeles le servían.

Después de que arrestaron a Juan el Bautista, Jesús se fue a Galilea para predicar el Evangelio de Dios y decía: "Se ha cumplido el tiempo y el Reino de Dios ya está cerca. Conviértanse y crean en el Evangelio".

Palabra del Señor.
R. Gloria a ti, Señor Jesús.

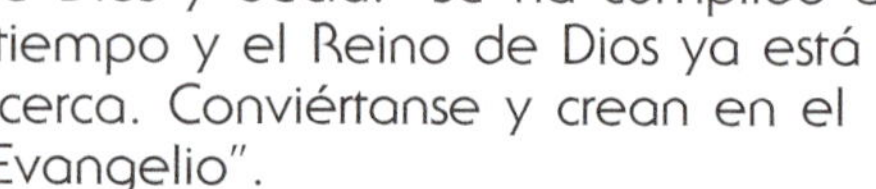

Jesús se transfiguró en su presencia

25 de febrero • 2º Domingo de Cuaresma • Morado

Del libro del Génesis: 22, 1-2. 9-13. 15-18

En aquel tiempo, Dios le puso una prueba a Abraham y le dijo: "¡Abraham, Abraham!". Él respondió: "Aquí estoy". Y Dios le dijo: "Toma a tu hijo único, Isaac, a quien tanto amas; vete a la región de Moria y ofrécemelo en sacrificio, en el monte que yo te indicaré".

Cuando llegaron al sitio que Dios le había señalado, Abraham levantó un altar y acomodó la leña. Luego ató a su hijo Isaac, lo puso sobre el altar, encima de la leña, y tomó el cuchillo para degollarlo.

Pero el ángel del Señor lo llamó desde el cielo y le dijo: "¡Abraham, Abraham!". Él contestó: "Aquí estoy". El ángel le dijo: "No descargues la mano contra tu hijo, ni le hagas daño. Ya veo que temes a Dios, porque no le has negado a tu hijo único". Abraham levantó los ojos y vio un carnero, enredado por los cuernos en la maleza. Atrapó el carnero y lo ofreció en sacrificio en lugar de su hijo.

El ángel del Señor volvió a llamar a Abraham desde el cielo y le dijo: "Juro por mí mismo, dice el Señor, que por haber hecho esto y no haberme negado a tu hijo único, yo te bendeciré y multiplicaré tu descendencia como las estrellas del cielo y las arenas del mar. Tus descendientes conquistarán las ciudades enemigas. En tu descendencia serán bendecidos todos los pueblos de la tierra, porque obedeciste a mis palabras".

Palabra de Dios.   R. Te alabamos, Señor.

Del salmo 115

R. Siempre confiaré en el Señor.

Aun abrumado de desgracias,
siempre confié en Dios.
A los ojos del Señor es muy penoso
que mueran sus amigos. R.

De la muerte, Señor, me has librado,
a mí, tu esclavo e hijo de tu esclava.
Te ofreceré con gratitud un sacrificio
e invocaré tu nombre. R.

Cumpliré mis promesas al Señor
ante todo su pueblo,
en medio de su templo santo,
que está en Jerusalén. R.

De la carta del apóstol san Pablo a los romanos: 8, 31-34

Hermanos: Si Dios está a nuestro favor, ¿quién estará en contra nuestra? El que no nos escatimó a su propio Hijo, sino que lo entregó por todos nosotros, ¿cómo no va a estar dispuesto a dárnoslo todo, junto con su Hijo? ¿Quién acusará a los elegidos de Dios? Si Dios mismo es quien los perdona, ¿quién será el que los condene? ¿Acaso Jesucristo, que murió, resucitó y está a la derecha de Dios para interceder por nosotros?

Palabra de Dios. R. Te alabamos, Señor.

Del santo Evangelio según san Marcos: 9, 2-10

R. Gloria a ti, Señor.

En aquel tiempo, Jesús tomó aparte a Pedro, a Santiago y a Juan, subió con ellos a un monte alto y se transfiguró en su presencia. Sus vestiduras se pusieron esplendorosamente blancas, con una blancura que nadie puede lograr sobre la tierra. Después se les aparecieron Elías y Moisés, conversando con Jesús.

Entonces Pedro le dijo a Jesús: "Maestro, ¡qué a gusto estamos aquí! Hagamos tres tiendas, una para ti, otra para Moisés y otra para Elías". En realidad no sabía lo que decía, porque estaban asustados.

Se formó entonces una nube, que los cubrió con su sombra, y de esta nube salió una voz que decía: "Éste es mi Hijo amado; escúchenlo". En ese momento miraron alrededor y no vieron a nadie sino a Jesús, que estaba solo con ellos.

Cuando bajaban de la montaña, Jesús les mandó que no contaran a nadie lo que habían visto, hasta que el Hijo del hombre resucitara de entre los muertos. Ellos guardaron esto en secreto, pero discutían entre sí qué querría decir eso de "resucitar de entre los muertos".

Palabra del Señor. R. Gloria a ti, Señor Jesús.

Destruyan este templo y en tres días lo reconstruiré

Del libro del Éxodo: 20, 1-17

En aquellos días, el Señor promulgó estos preceptos para su pueblo en el monte Sinaí, diciendo: "Yo soy el Señor, tu Dios, que te sacó de la tierra de Egipto y de la esclavitud. No tendrás otros dioses fuera de mí; no te fabricarás ídolos ni imagen alguna de lo que hay arriba, en el cielo, o abajo, en la tierra, o en el agua, y debajo de la tierra. No adorarás nada de eso ni le rendirás culto, porque yo, el Señor, tu Dios, soy un Dios celoso, que castiga la maldad de los padres en los hijos hasta la tercera y cuarta generación de aquellos que me odian; pero soy misericordioso hasta la milésima generación de aquellos que me aman y cumplen mis mandamientos.

No harás mal uso del nombre del Señor, tu Dios, porque no dejará el Señor sin castigo a quien haga mal uso de su nombre.

Acuérdate de santificar el sábado. Seis días trabajarás y en ellos harás todos tus quehaceres; pero el día séptimo es día de descanso, dedicado al Señor, tu Dios. No harás en él trabajo alguno, ni tú, ni tu hijo, ni tu hija, ni tu esclavo, ni tu esclava, ni tus animales, ni el forastero que viva contigo. Porque en seis días hizo el Señor el cielo, la tierra, el mar y cuanto hay en ellos, pero el séptimo, descansó. Por eso bendijo el Señor el sábado y lo santificó.

Honra a tu padre y a tu madre para que vivas largos años en la tierra que el Señor, tu Dios, te va a dar. No matarás. No cometerás adulterio. No robarás. No darás falso testimonio contra tu prójimo. No codiciarás la casa de tu prójimo, ni a su mujer, ni a su esclavo, ni a su esclava, ni su buey, ni su burro, ni cosa alguna que le pertenezca".

Palabra de Dios.   R. Te alabamos, Señor.

Del salmo 18

R. Tú tienes, Señor, palabras
de vida eterna.

La ley del Señor es perfecta del todo
y reconforta el alma;
inmutables son las palabras del Señor
y hacen sabio al sencillo. R.

En los mandamientos del Señor hay rectitud
y alegría para el corazón;
son luz los preceptos del Señor
para alumbrar el camino. R.

La voluntad de Dios es santa
y para siempre estable;
los mandamientos del Señor son verdaderos
y enteramente justos. R.

Que te sean gratas las palabras de mi boca
y los anhelos de mi corazón.
Haz, Señor, que siempre te busque,
pues eres mi refugio y salvación. R.

De la primera carta del apóstol san Pablo a los corintios: 1, 22-25

Hermanos: Los judíos exigen señales milagrosas y los paganos piden
sabiduría. Pero nosotros predicamos a Cristo
crucificado, que es escándalo para los judíos
y locura para los paganos; en cambio, para
los llamados, sean judíos o paganos, Cristo
es la fuerza y la sabiduría de Dios. Porque la locura
de Dios es más sabia que la sabiduría de los hombres, y
la debilidad de Dios es más fuerte que la fuerza de los
hombres.

Palabra de Dios.   R. Te alabamos, Señor.

Del santo Evangelio según san Juan: 2, 13-25

R. Gloria a ti, Señor.

Cuando se acercaba la Pascua de los judíos, Jesús llegó a Jerusalén y encontró en el templo a los vendedores de bueyes, ovejas y palomas, y a los cambistas con sus mesas. Entonces hizo un látigo de cordeles y los echó del templo, con todo y sus ovejas y bueyes; a los cambistas les volcó las mesas y les tiró al suelo las monedas; y a los que vendían palomas les dijo: "Quiten todo de aquí y no conviertan en un mercado la casa de mi Padre".

En ese momento, sus discípulos se acordaron de lo que estaba escrito: *El celo de tu casa me devora.*

Después intervinieron los judíos para preguntarle: "¿Qué señal nos das de que tienes autoridad para actuar así?". Jesús les respondió: "Destruyan este templo y en tres días lo reconstruiré". Replicaron los judíos: "Cuarenta y seis años se ha llevado la construcción del templo, ¿y tú lo vas a levantar en tres días?".

Pero él hablaba del templo de su cuerpo. Por eso, cuando resucitó Jesús de entre los muertos, se acordaron sus discípulos de que había dicho aquello y creyeron en la Escritura y en las palabras que Jesús había dicho.

Mientras estuvo en Jerusalén para las fiestas de Pascua, muchos creyeron en él, al ver los prodigios que hacía. Pero Jesús no se fiaba de ellos, porque los conocía a todos y no necesitaba que nadie le descubriera lo que es el hombre, porque él sabía lo que hay en el hombre.

Palabra del Señor.   R. Gloria a ti, Señor Jesús.

El que cree en él no será condenado

10 de marzo · 4º Domingo de Cuaresma · Morado

Del segundo libro de las Crónicas: 36, 14-16. 19-23

En aquellos días, todos los sumos sacerdotes y el pueblo multiplicaron sus infidelidades, practicando todas las abominables costumbres de los paganos, y mancharon la casa del Señor, que él se había consagrado en Jerusalén. El Señor, Dios de sus padres, los exhortó continuamente por medio de sus mensajeros, porque sentía compasión de su pueblo y quería preservar su santuario. Pero ellos se burlaron de los mensajeros de Dios, despreciaron sus advertencias y se mofaron de sus profetas, hasta que la ira del Señor contra su pueblo llegó a tal grado, que ya no hubo remedio.

Envió entonces contra ellos al rey de los caldeos. Incendiaron la casa de Dios y derribaron las murallas de Jerusalén, pegaron fuego a todos los palacios y destruyeron todos sus objetos preciosos. A los que escaparon de la espada, los llevaron cautivos a Babilonia, donde fueron esclavos del rey y de sus hijos, hasta que el reino pasó al dominio de los persas, para que se cumpliera lo que dijo Dios por boca del profeta Jeremías: *Hasta que el país haya pagado sus sábados perdidos, descansará de la desolación, hasta que se cumplan setenta años.*

En el año primero de Ciro, rey de Persia, en cumplimiento de las palabras que habló el Señor por boca de Jeremías, el Señor inspiró a Ciro, rey de los persas, el cual mandó proclamar de palabra y por escrito en todo su reino, lo siguiente: "Así habla Ciro, rey de Persia: El Señor, Dios de los cielos, me ha dado todos los reinos de la tierra y me ha mandado que le edifique una casa en Jerusalén de Judá. En consecuencia, todo aquel que pertenezca a este pueblo, que parta hacia allá, y que su Dios lo acompañe".

Palabra de Dios.
R. Te alabamos, Señor.

Del salmo 136

R. Tu recuerdo, Señor, es mi alegría.

Junto a los ríos de Babilonia nos sentábamos
   a llorar de nostalgia;
      de los sauces que estaban en la orilla
        colgamos nuestras arpas. R.

        Aquellos que cautivos nos tenían
         pidieron que cantáramos.
        Decían los opresores:
        "Algún cantar de Sión, alegres, cántennos". R.

      Pero, ¿cómo podríamos cantar
       un himno al Señor en tierra extraña?
       ¡Que la mano derecha se me seque,
        si de ti, Jerusalén, yo me olvidara! R.

       ¡Que se me pegue al paladar la lengua,
       Jerusalén, si no te recordara,
       o si, fuera de ti,
       alguna otra alegría yo buscara! R.

De la carta del apóstol san Pablo a los efesios: 2, 4-10

Hermanos: La misericordia y el amor de Dios son muy grandes; porque nosotros estábamos muertos por nuestros pecados, y él nos dio la vida con Cristo y en Cristo. Por pura generosidad suya, hemos sido salvados. Con Cristo y en Cristo nos ha resucitado y con él nos ha reservado un sitio en el cielo. Así, en todos los tiempos, Dios muestra, por medio de Cristo Jesús, la incomparable riqueza de su gracia y de su bondad para con nosotros.

En efecto, ustedes han sido salvados por la gracia, mediante la fe; y esto no se debe a ustedes mismos, sino que es un don de Dios.

Tampoco se debe a las obras, para que nadie pueda presumir, porque somos hechura de Dios, creados por medio de Cristo Jesús, para hacer el bien que Dios ha dispuesto que hagamos.

Palabra de Dios.   R. Te alabamos, Señor.

Del santo Evangelio según san Juan: 3, 14-21

R. Gloria a ti, Señor.

En aquel tiempo, Jesús dijo a Nicodemo: "Así como Moisés levantó la serpiente en el desierto, así tiene que ser levantado el Hijo del hombre, para que todo el que crea en él tenga vida eterna.

Porque tanto amó Dios al mundo, que le entregó a su Hijo único, para que todo el que crea en él no perezca, sino que tenga vida eterna. Porque Dios no envió a su Hijo para condenar al mundo, sino para que el mundo se salvara por él. El que cree en él no será condenado; pero el que no cree ya está condenado, por no haber creído en el Hijo único de Dios.

La causa de la condenación es ésta: habiendo venido la luz al mundo, los hombres prefirieron las tinieblas a la luz, porque sus obras eran malas. Todo aquel que hace el mal, aborrece la luz y no se acerca a ella, para que sus obras no se descubran. En cambio, el que obra el bien conforme a la verdad, se acerca a la luz, para que se vea que sus obras están hechas según Dios".

Palabra del Señor.
R. Gloria a ti, Señor Jesús.

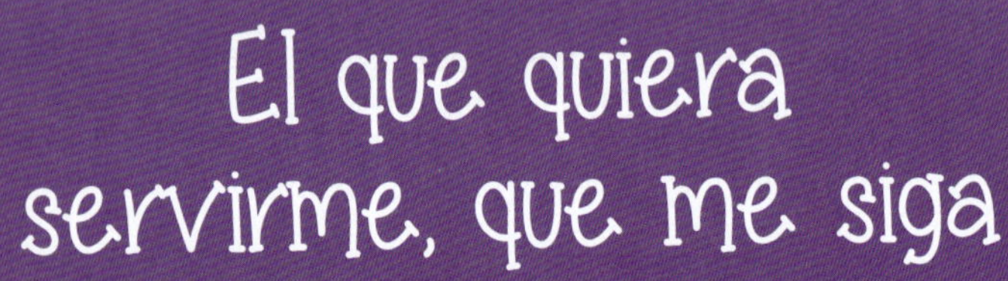

El que quiera servirme, que me siga

17 de marzo · 5º Domingo de Cuaresma · Morado

Del libro del profeta Jeremías: 31, 31-34

"Se acerca el tiempo, dice el Señor, en que haré con la casa de Israel y la casa de Judá una alianza nueva. No será como la alianza que hice con los padres de ustedes, cuando los tomé de la mano para sacarlos de Egipto. Ellos rompieron mi alianza y yo tuve que hacer un escarmiento con ellos.

Ésta será la alianza nueva que voy a hacer con la casa de Israel: Voy a poner mi ley en lo más profundo de su mente y voy a grabarla en sus corazones. Yo seré su Dios y ellos serán mi pueblo. Ya nadie tendrá que instruir a su prójimo ni a su hermano, diciéndole: 'Conoce al Señor', porque todos me van a conocer, desde el más pequeño hasta el mayor de todos, cuando yo les perdone sus culpas y olvide para siempre sus pecados".

Palabra de Dios.   R. Te alabamos, Señor.

Del salmo 50

R. Crea en mí, Señor, un corazón puro.

Por tu inmensa compasión y misericordia,
Señor, apiádate de mí y olvida mis ofensas.
Lávame bien de todos mis delitos
y purifícame de mis pecados. R.

Crea en mí, Señor, un corazón puro,
un espíritu nuevo para cumplir tus mandamientos.
No me arrojes, Señor, lejos de ti,
ni retires de mí tu santo espíritu. R.

Devuélveme tu salvación, que regocija,
y mantén en mí un alma generosa.
Enseñaré a los descarriados tus caminos
y volverán a ti los pecadores. R.

De la carta a los hebreos: 5, 7-9

Hermanos: Cristo, durante su vida mortal, ofreció oraciones y súplicas, con poderoso clamor y lágrimas, a aquel que podía librarlo de la muerte, y fue escuchado por su piedad. A pesar de que era el Hijo, aprendió a obedecer padeciendo, y llegado a su perfección, se convirtió en la causa de la salvación eterna para todos los que lo obedecen.

Palabra de Dios.   R. Te alabamos, Señor.

Del santo Evangelio según san Juan: 12, 20-33

R. Gloria a ti, Señor.

Entre los que habían llegado a Jerusalén para adorar a Dios en la fiesta de Pascua, había algunos griegos, los cuales se acercaron a Felipe, el de Betsaida de Galilea, y le pidieron: "Señor, quisiéramos ver a Jesús".

Felipe fue a decírselo a Andrés; Andrés y Felipe se lo dijeron a Jesús y él les respondió: "Ha llegado la hora de que el Hijo del hombre sea glorificado. Yo les aseguro que si el grano de trigo sembrado en la tierra no muere, queda infecundo; pero si muere, producirá mucho fruto. El que se ama a sí mismo, se pierde; el que se aborrece a sí mismo en este mundo, se asegura para la vida eterna.

El que quiera servirme, que me siga, para que donde yo esté, también esté mi servidor. El que me sirve será honrado por mi Padre.

Ahora que tengo miedo, ¿le voy a decir a mi Padre: 'Padre, líbrame de esta hora'? No, pues precisamente para esta hora he venido. Padre, dale gloria a tu nombre". Se oyó entonces una voz que decía: "Lo he glorificado y volveré a glorificarlo".

De entre los que estaban ahí presentes y oyeron aquella voz, unos decían que había sido un trueno; otros, que le había hablado un ángel. Pero Jesús les dijo: "Esa voz no ha venido por mí, sino por ustedes. Está llegando el juicio de este mundo; ya va a ser arrojado el príncipe de este mundo. Cuando yo sea levantado de la tierra, atraeré a todos hacia mí". Dijo esto, indicando de qué manera habría de morir.

Palabra del Señor.   R. Gloria a ti, Señor Jesús.

Aparta de mí este cáliz

24 de marzo • Domingo de Ramos de la Pasión del Señor • Rojo

Del libro del profeta Isaías: 50, 4-7

En aquel entonces, dijo Isaías: "El Señor me ha dado una lengua experta, para que pueda confortar al abatido con palabras de aliento. Mañana tras mañana, el Señor despierta mi oído, para que escuche yo, como discípulo. El Señor Dios me ha hecho oír sus palabras y yo no he opuesto resistencia ni me he echado para atrás.

Ofrecí la espalda a los que me golpeaban, la mejilla a los que me tiraban de la barba. No aparté mi rostro de los insultos y salivazos.

Pero el Señor me ayuda, por eso no quedaré confundido, por eso endurecí mi rostro como roca y sé que no quedaré avergonzado".

Palabra de Dios.   R. Te alabamos, Señor.

Del salmo 21

R. Dios mío, Dios mío, ¿por qué me has abandonado?

Todos los que me ven, de mí se burlan;
me hacen gestos y dicen:
"Confiaba en el Señor, pues que él lo salve;
si de veras lo ama, que lo libre". R.

Los malvados me cercan por doquiera
como rabiosos perros.
Mis manos y mis pies han taladrado
y se pueden contar todos mis huesos. R.

Reparten entre sí mis vestiduras
y se juegan mi túnica a los dados.
Señor, auxilio mío, ven y ayúdame,
no te quedes de mí tan alejado. R.

A mis hermanos contaré tu gloria
y en la asamblea alabaré tu nombre.
Que alaben al Señor los que lo temen.
Que el pueblo de Israel siempre lo adore. R.

De la carta del apóstol san Pablo a los filipenses: 2, 6-11

Cristo Jesús, siendo Dios, no consideró que debía aferrarse a las prerrogativas de su condición divina, sino que, por el contrario, se anonadó a sí mismo tomando la condición de siervo, y se hizo semejante a los hombres. Así, hecho uno de ellos, se humilló a sí mismo y por obediencia aceptó incluso la muerte, y una muerte de cruz.

Por eso Dios lo exaltó sobre todas las cosas y le otorgó el nombre que está sobre todo nombre, para que, al nombre de Jesús, todos doblen la rodilla en el cielo, en la tierra y en los abismos, y todos reconozcan públicamente que Jesucristo es el Señor, para gloria de Dios Padre.

Palabra de Dios.   R. Te alabamos, Señor.

PASIÓN DE NUESTRO SEÑOR JESUCRISTO SEGÚN SAN MARCOS: 14, 1–15, 47

Faltaban dos días para la fiesta de Pascua y de los panes Ázimos. Los sumos sacerdotes y los escribas andaban buscando una manera de apresar a Jesús a traición y darle muerte, pero decían: "No durante las fiestas, porque el pueblo podría amotinarse".

Estando Jesús sentado a la mesa, en casa de Simón el leproso, en Betania, llegó una mujer con un frasco de perfume muy caro, de nardo puro; quebró el frasco y derramó el perfume en la cabeza de Jesús. Algunos comentaron indignados: "¿A qué viene este derroche de perfume? Podía haberse vendido por más de trescientos denarios para dárselos a los pobres". Y criticaban a la mujer; pero Jesús replicó: "Déjenla. ¿Por qué la molestan? Lo que ha hecho conmigo está bien,

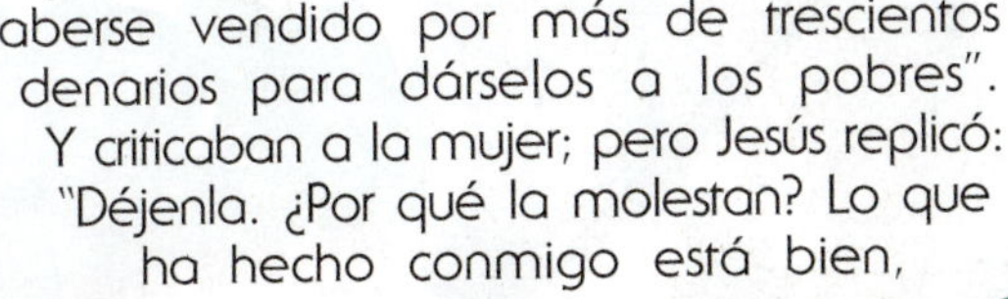

porque a los pobres los tienen siempre con ustedes y pueden socorrerlos cuando quieran; pero a mí no me tendrán siempre. Ella ha hecho lo que podía. Se ha adelantado a embalsamar mi cuerpo para la sepultura. Yo les aseguro que en cualquier parte del mundo donde se predique el Evangelio, se recordará también en su honor lo que ella ha hecho conmigo".

Judas Iscariote, uno de los Doce, se presentó a los sumos sacerdotes para entregarles a Jesús. Al oírlo, se alegraron y le prometieron dinero; y él andaba buscando una buena ocasión para entregarlo.

El primer día de la fiesta de los panes Ázimos, cuando se sacrificaba el cordero pascual, le preguntaron a Jesús sus discípulos: "¿Dónde quieres que vayamos a prepararte la cena de Pascua?". Él les dijo a dos de ellos: "Vayan a la ciudad. Encontrarán a un hombre que lleva un cántaro de agua; síganlo y díganle al dueño de la casa en donde entre: 'El Maestro manda preguntar: ¿Dónde está la habitación en que voy a comer la Pascua

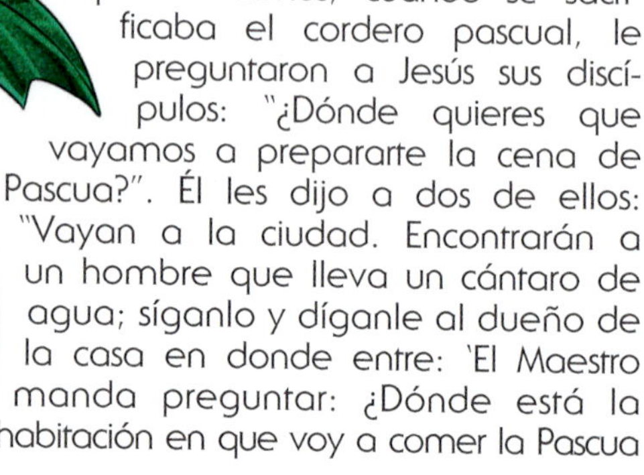

con mis discípulos?'. Él les enseñará una sala en el segundo piso, arreglada con divanes. Prepárennos allí la cena". Los discípulos se fueron, llegaron a la ciudad, encontraron lo que Jesús les había dicho y prepararon la cena de Pascua.

Al atardecer, llegó Jesús con los Doce. Estando a la mesa, cenando, les dijo: "Yo les aseguro que uno de ustedes, uno que está comiendo conmigo, me va a entregar". Ellos, consternados, empezaron a preguntarle uno tras otro: "¿Soy yo?". Él respondió: "Uno de los Doce; alguien que moja su pan en el mismo plato que yo. El Hijo del hombre va a morir, como está escrito; pero, ¡ay del que va a entregar al Hijo del hombre! ¡Más le valiera no haber nacido!".

Mientras cenaban, Jesús tomó un pan, pronunció la bendición, lo partió y se lo dio a sus discípulos, diciendo: "Tomen: esto es mi cuerpo". Y tomando en sus manos una copa de vino, pronunció la acción de gracias, se la dio, todos bebieron y les dijo: "Ésta es mi sangre, sangre de la alianza, que se derrama por todos. Yo les aseguro que no volveré a beber del fruto de la vid hasta el día en que beba el vino nuevo en el Reino de Dios".

Después de cantar el himno, salieron hacia el monte de los Olivos y Jesús les dijo: "Todos

ustedes se van a escandalizar por mi causa, como está escrito: *Heriré al pastor y se dispersarán las ovejas;* pero cuando resucite, iré por delante de ustedes a Galilea". Pedro replicó: "Aunque todos se escandalicen, yo no". Jesús le contestó: "Yo te aseguro que hoy, esta misma noche, antes de que el gallo cante dos veces, tú me negarás tres". Pero él insistía: "Aunque tenga que morir contigo, no te negaré". Y los demás decían lo mismo.

Fueron luego a un huerto, llamado Getsemaní, y Jesús dijo a sus discípulos: "Siéntense aquí mientras hago oración". Se llevó a Pedro, a Santiago y a Juan; empezó a sentir terror y angustia, y les dijo: "Tengo el alma llena de una tristeza mortal. Quédense aquí, velando". Se adelantó un poco, se postró en tierra y pedía que, si era posible, se alejara de él aquella hora. Decía: "Padre, tú lo puedes todo: aparta de mí este cáliz. Pero que no se haga lo que yo quiero, sino lo que tú quieres".

Volvió a donde estaban los discípulos, y al encontrarlos dormidos, dijo a Pedro: "Simón, ¿estás dormido? ¿No has podido velar ni una hora? Velen y oren, para que no caigan en la tentación. El espíritu está pronto, pero la carne es débil". De nuevo se retiró y se puso a orar, repitiendo las mismas palabras. Volvió y otra vez los encontró dormidos, porque tenían los ojos cargados de sueño; por eso no sabían qué contestarle. Él les dijo: "Ya pueden dormir y descansar. ¡Basta! Ha llegado la hora. Miren que el Hijo del hombre va a ser entregado en manos de los pecadores. ¡Levántense! ¡Vamos! Ya está cerca el traidor".

Todavía estaba hablando, cuando se presentó Judas, uno de los Doce, y con él, gente con espadas y palos, enviada por los sacerdotes, los escribas y los ancianos. El traidor les había dado una contraseña, diciéndoles: "Al que yo bese, ése es. Deténganlo y llévenselo bien sujeto". Llegó, se acercó y le dijo: "Maestro", y lo besó. Ellos le echaron mano y lo apresaron. Pero uno de los presentes desenvainó la espada y de un golpe le cortó la oreja a un criado del sumo sacerdote. Jesús tomó la palabra y les dijo: "¿Salieron ustedes a apresarme con espadas y palos, como si se tratara de un bandido? Todos los días he estado entre ustedes enseñando en el templo, y no me han apresado. Pero así tenía que ser para que se cumplieran las Escrituras". Todos lo abandonaron y huyeron. Lo iba siguiendo un muchacho, envuelto nada más con una sábana, y lo detuvieron; pero él soltó la sábana y se les escapó desnudo.

Condujeron a Jesús a casa del sumo sacerdote y se reunieron todos los pontífices, los escribas y los ancianos. Pedro lo fue siguiendo de lejos, hasta el interior del patio del sumo sacerdote y se sentó con los criados, cerca de la lumbre, para calentarse.

Los sumos sacerdotes y el sanedrín en pleno buscaban una acusación contra Jesús para condenarlo a muerte y no la encontraban. Pues, aunque muchos presentaban falsas acusaciones contra él, los testimonios no concordaban. Hubo unos que se pusieron de pie y dijeron: "Nosotros lo hemos oído decir: 'Yo destruiré este templo, edificado por hombres, y en tres días construiré otro, no edificado por hombres' ". Pero ni aun en esto concordaba su testimonio. Entonces el sumo sacerdote se puso de pie y le preguntó a Jesús: "¿No tienes nada que responder a todas esas acusaciones?". Pero él no le respondió nada. El sumo sacerdote le volvió a preguntar: "¿Eres tú el Mesías, el Hijo de Dios bendito?". Jesús contestó: "Sí lo soy. Y un día verán cómo el Hijo del hombre está sentado a la derecha del Todopoderoso y cómo viene entre las nubes del cielo". El sumo

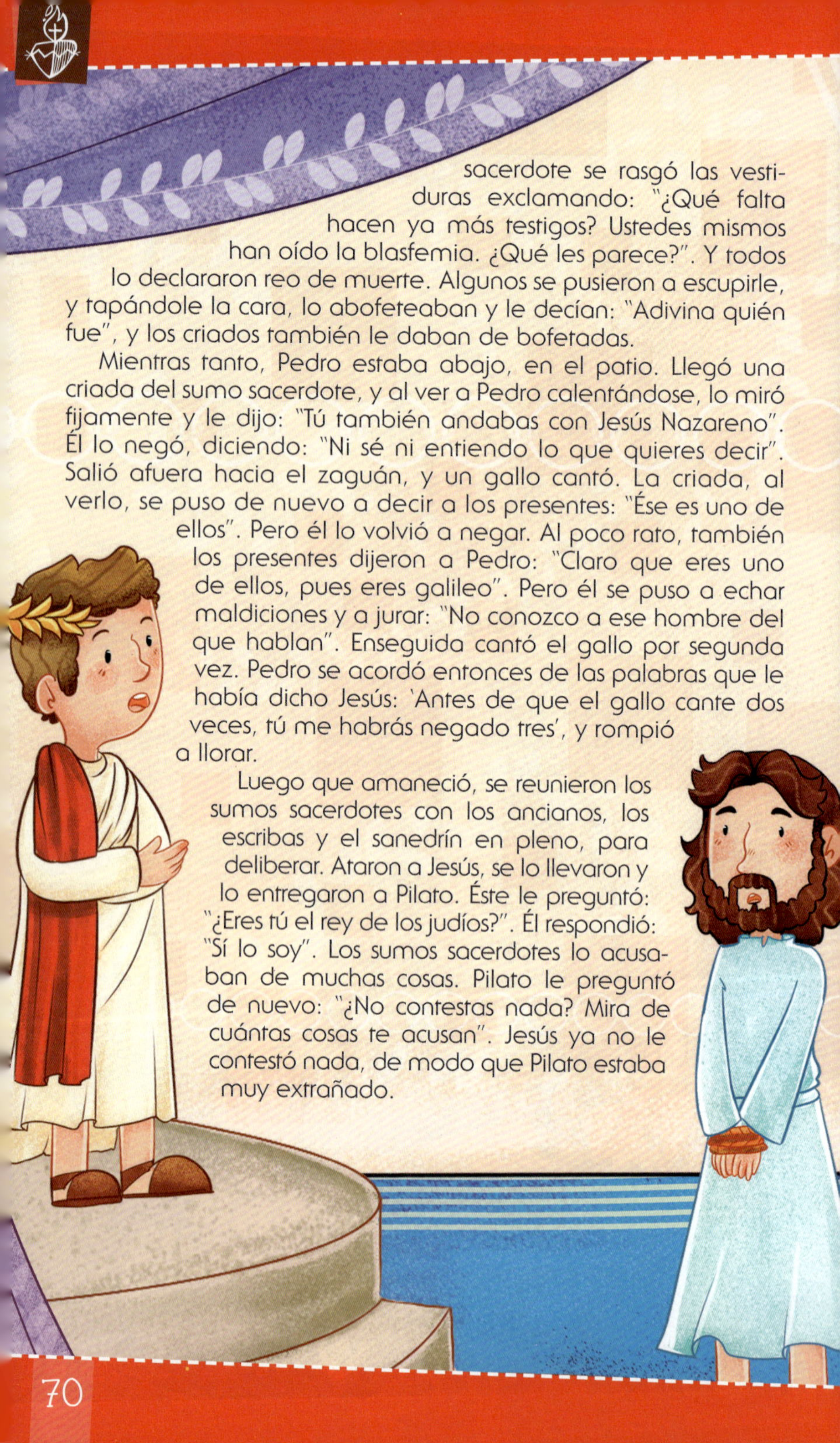

sacerdote se rasgó las vestiduras exclamando: "¿Qué falta hacen ya más testigos? Ustedes mismos han oído la blasfemia. ¿Qué les parece?". Y todos lo declararon reo de muerte. Algunos se pusieron a escupirle, y tapándole la cara, lo abofeteaban y le decían: "Adivina quién fue", y los criados también le daban de bofetadas.

Mientras tanto, Pedro estaba abajo, en el patio. Llegó una criada del sumo sacerdote, y al ver a Pedro calentándose, lo miró fijamente y le dijo: "Tú también andabas con Jesús Nazareno". Él lo negó, diciendo: "Ni sé ni entiendo lo que quieres decir". Salió afuera hacia el zaguán, y un gallo cantó. La criada, al verlo, se puso de nuevo a decir a los presentes: "Ése es uno de ellos". Pero él lo volvió a negar. Al poco rato, también los presentes dijeron a Pedro: "Claro que eres uno de ellos, pues eres galileo". Pero él se puso a echar maldiciones y a jurar: "No conozco a ese hombre del que hablan". Enseguida cantó el gallo por segunda vez. Pedro se acordó entonces de las palabras que le había dicho Jesús: 'Antes de que el gallo cante dos veces, tú me habrás negado tres', y rompió a llorar.

Luego que amaneció, se reunieron los sumos sacerdotes con los ancianos, los escribas y el sanedrín en pleno, para deliberar. Ataron a Jesús, se lo llevaron y lo entregaron a Pilato. Éste le preguntó: "¿Eres tú el rey de los judíos?". Él respondió: "Sí lo soy". Los sumos sacerdotes lo acusaban de muchas cosas. Pilato le preguntó de nuevo: "¿No contestas nada? Mira de cuántas cosas te acusan". Jesús ya no le contestó nada, de modo que Pilato estaba muy extrañado.

Durante la fiesta de Pascua, Pilato solía soltarles al preso que ellos pidieran. Estaba entonces en la cárcel un tal Barrabás, con los revoltosos que habían cometido un homicidio en un motín. Vino la gente y empezó a pedir el indulto de costumbre. Pilato les dijo: "¿Quieren que les suelte al rey de los judíos?". Porque sabía que los sumos sacerdotes se lo habían entregado por envidia. Pero los sumos sacerdotes incitaron a la gente para que pidieran la libertad de Barrabás. Pilato les volvió a preguntar: "¿Y qué voy a hacer con el que llaman rey de los judíos?". Ellos gritaron: "¡Crucifícalo!". Pilato les dijo: "Pues ¿qué mal ha hecho?". Ellos gritaron más fuerte: "¡Crucifícalo!". Pilato, queriendo dar gusto a la multitud, les soltó a Barrabás; y a Jesús, después de mandarlo azotar, lo entregó para que lo crucificaran.

Los soldados se lo llevaron al interior del palacio, al pretorio, y reunieron a todo el batallón. Lo vistieron con un manto de color púrpura, le pusieron una corona de espinas que habían trenzado, y comenzaron a burlarse de él, dirigiéndole este saludo: "¡Viva el rey de los judíos!". Le golpeaban la cabeza con una caña, le escupían y, doblando las rodillas, se postraban ante él. Terminadas las burlas, le quitaron aquel manto de color púrpura, le pusieron su ropa y lo sacaron para crucificarlo.

Entonces forzaron a cargar la cruz a un individuo que pasaba por ahí de regreso del campo, Simón de Cirene, padre de Alejandro y de Rufo, y llevaron a Jesús al Gólgota (que quiere decir "lugar de la Calavera"). Le ofrecieron vino con mirra, pero él no lo aceptó. Lo crucificaron y se repartieron sus ropas, echando suertes para ver qué le tocaba a cada uno.

Era media mañana cuando lo crucificaron. En el letrero de la acusación estaba escrito: "El rey de los judíos". Crucificaron con él a dos bandidos, uno a su derecha y otro a su izquierda. Así se cumplió la Escritura que dice: *fue contado entre los malhechores*. Los que pasaban por ahí lo injuriaban meneando la cabeza y gritándole: "¡Anda! Tú que destruías el templo y lo reconstruías en tres días, sálvate a ti mismo y baja de la cruz". Los sumos sacerdotes se burlaban también de él y le decían: "Ha salvado a otros, pero a sí mismo no se puede salvar. Que el Mesías, el rey de Israel, baje ahora de la cruz, para que lo veamos y creamos". Hasta los que estaban crucificados con él también lo insultaban.

Al llegar el mediodía, toda aquella tierra se quedó en tinieblas hasta las tres de la tarde. Y a las tres, Jesús gritó con voz potente: *"Eloí, Eloí, ¿lemá sabactaní?"* (que significa: Dios mío, Dios mío, ¿por qué me has abandonado?). Algunos de los presentes, al oírlo, decían: "Miren; está llamando a Elías". Uno corrió a empapar una esponja en vinagre, la sujetó a un carrizo y se la acercó para que bebiera, diciendo: "Vamos a ver si viene Elías a bajarlo". Pero Jesús, dando un fuerte grito, expiró.

Aquí todos se arrodillan y guardan silencio por unos instantes.

Entonces el velo del templo se rasgó en dos, de arriba abajo. El oficial romano que estaba frente a Jesús, al ver cómo había expirado, dijo: "De veras este hombre era Hijo de Dios".

Había también ahí unas mujeres que estaban mirando todo desde lejos; entre ellas María Magdalena, María (la madre de Santiago el menor y de José) y Salomé, que cuando Jesús estaba en Galilea, lo seguían para atenderlo; y además de ellas, otras muchas que habían venido con él a Jerusalén.

Al anochecer, como era el día de la preparación, víspera del sábado, vino José de Arimatea, miembro distinguido del sanedrín, que también esperaba el Reino de Dios. Se presentó con valor ante Pilato y le pidió el cuerpo de Jesús. Pilato se extrañó de que ya hubiera muerto, y llamando al oficial, le preguntó si hacía mucho tiempo que había muerto. Informado por el oficial, concedió el cadáver a José. Éste compró una sábana, bajó el cadáver, lo envolvió en la sábana y lo puso en un sepulcro excavado en una roca y tapó con una piedra la entrada del sepulcro. María Magdalena y María, la madre de José, se fijaron en dónde lo ponían.

Palabra del Señor.
R. Gloria a ti, Señor Jesús.

Entró también el otro discípulo... y vio y creyó

31 de marzo • Domingo de Pascua
de la Resurrección del Señor (Misa del día) • Blanco

Del libro de los Hechos de los Apóstoles: 10, 34. 37-43

En aquellos días, Pedro tomó la palabra y dijo: "Ya saben ustedes lo sucedido en toda Judea, que tuvo principio en Galilea, después del bautismo predicado por Juan: cómo Dios ungió con el poder del Espíritu Santo a Jesús de Nazaret, y cómo éste pasó haciendo el bien, sanando a todos los oprimidos por el diablo, porque Dios estaba con él.

Nosotros somos testigos de cuanto él hizo en Judea y en Jerusalén. Lo mataron colgándolo de la cruz, pero Dios lo resucitó al tercer día y concedió verlo, no a todo el pueblo, sino únicamente a los testigos que él, de antemano, había escogido: a nosotros, que hemos comido y bebido con él después de que resucitó de entre los muertos.

Él nos mandó predicar al pueblo y dar testimonio de que Dios lo ha constituido juez de vivos y muertos. El testimonio de los profetas es unánime: que cuantos creen en él reciben, por su medio, el perdón de los pecados".

Palabra de Dios.   R. Te alabamos, Señor.

Del salmo 117

R. Este es el día del triunfo del Señor. Aleluya.

Te damos gracias, Señor, porque eres bueno,
porque tu misericordia es eterna.
Diga la casa de Israel:
"Su misericordia es eterna". R.

La diestra del Señor es poderosa,
la diestra del Señor es nuestro orgullo.
No moriré, continuaré viviendo
para contar lo que el Señor ha hecho. R.

La piedra que desecharon los constructores,
es ahora la piedra angular.
Esto es obra de la mano del Señor,
es un milagro patente. R.

De la primera carta del apóstol san Pablo a los corintios: 5, 6-8

Hermanos: ¿No saben ustedes que un poco de levadura hace fermentar toda la masa? Tiren la antigua levadura, para que sean ustedes una masa nueva, ya que son pan sin levadura, pues Cristo, nuestro cordero pascual, ha sido inmolado.

Celebremos, pues, la fiesta de la Pascua, no con la antigua levadura, que es de vicio y maldad, sino con el pan sin levadura, que es de sinceridad y verdad.

Palabra de Dios.   R. Te alabamos, Señor.

Del santo Evangelio según san Juan: 20, 1-9

R. Gloria a ti, Señor.

El primer día después del sábado, estando todavía oscuro, fue María Magdalena al sepulcro y vio removida la piedra que lo cerraba. Echó a correr, llegó a la casa donde estaban Simón Pedro y el otro discípulo, a quien Jesús amaba, y les dijo: "Se han llevado del sepulcro al Señor y no sabemos dónde lo habrán puesto".

Salieron Pedro y el otro discípulo camino del sepulcro. Los dos iban corriendo juntos, pero el otro discípulo corrió más aprisa que Pedro y llegó primero al sepulcro, e inclinándose, miró los lienzos puestos en el suelo, pero no entró.

En eso llegó también Simón Pedro, que lo venía siguiendo, y entró en el sepulcro. Contempló los lienzos puestos en el suelo y el sudario, que había estado sobre la cabeza de Jesús, puesto no con los lienzos en el suelo, sino doblado en sitio aparte. Entonces entró también el otro discípulo, el que había llegado primero al sepulcro, y vio y creyó, porque hasta entonces no habían entendido las Escrituras, según las cuales Jesús debía resucitar de entre los muertos.

Palabra del Señor.
R. Gloria a ti, Señor Jesús.

O bien, en las Misas vespertinas:

Del santo Evangelio según san Marcos: 16, 1-7

R. Gloria a ti, Señor Jesús.

Transcurrido el sábado, María Magdalena, María (la madre de Santiago) y Salomé, compraron perfumes para ir a embalsamar a Jesús. Muy de madrugada, el primer día de la semana, a la salida del sol, se dirigieron al sepulcro. Por el camino se decían unas a otras: "¿Quién nos quitará la piedra de la entrada del sepulcro?". Al llegar, vieron que la piedra ya estaba quitada, a pesar de ser muy grande.

Entraron en el sepulcro y vieron a un joven, vestido con una túnica blanca, sentado en el lado derecho, y se llenaron de miedo. Pero él les dijo: "No se espanten. Buscan a Jesús de Nazaret, el que fue crucificado. No está aquí; ha resucitado. Miren el sitio donde lo habían puesto. Ahora vayan a decirles a sus discípulos y a Pedro: 'Él irá delante de ustedes a Galilea. Allá lo verán, como él les dijo'".

Palabra del Señor.
R. Gloria a ti, Señor Jesús.

Dichosos los que creen sin haber visto

7 de abril • 2º Domingo de Pascua
o de la Divina Misericordia • Blanco

Del libro de los Hechos de los Apóstoles: 4, 32-35

La multitud de los que habían creído tenía un solo corazón y una sola alma; todo lo poseían en común y nadie consideraba suyo nada de lo que tenía.

Con grandes muestras de poder, los apóstoles daban testimonio de la resurrección del Señor Jesús y todos gozaban de gran estimación entre el pueblo. Ninguno pasaba necesidad, pues los que poseían terrenos o casas, los vendían, llevaban el dinero y lo ponían a disposición de los apóstoles, y luego se distribuía según lo que necesitaba cada uno.

Palabra de Dios.   R. Te alabamos, Señor.

Del salmo 117

R. La misericordia del Señor es eterna. Aleluya.

Diga la casa de Israel: "Su misericordia es eterna".
Diga la casa de Aarón: "Su misericordia es eterna".
 Digan los que temen al Señor: "Su misericordia es eterna". R.

La diestra del Señor es poderosa,
 la diestra del Señor es nuestro orgullo.
 No moriré, continuaré viviendo
 para contar lo que el Señor ha hecho.
 Me castigó, me castigó el Señor;
pero no me abandonó a la muerte. R.

La piedra que desecharon los constructores,
 es ahora la piedra angular.
 Esto es obra de la mano del Señor,
 es un milagro patente.
 Éste es el día del triunfo del Señor,
 día de júbilo y de gozo. R.

De la primera carta del apóstol san Juan: 5, 1-6

Queridos hijos: Todo el que cree que Jesús es el Mesías, ha nacido de Dios. Todo el que ama a un padre, ama también a los hijos de éste. Conocemos que amamos a los hijos de Dios en que amamos a Dios y cumplimos sus mandamientos, pues el amor de Dios consiste en que cumplamos sus preceptos. Y sus mandamientos no son pesados, porque todo el que ha nacido de Dios vence al mundo. Y nuestra fe es la que nos ha dado la victoria sobre el mundo. Porque, ¿quién es el que vence al mundo? Sólo el que cree que Jesús es el Hijo de Dios.

Jesucristo es el que vino por medio del agua y de la sangre; él vino, no sólo con agua, sino con agua y con sangre. Y el Espíritu es el que da testimonio, porque el Espíritu es la verdad.

Palabra de Dios. R. Te alabamos, Señor.

Del santo Evangelio según san Juan: 20, 19-31

R. Gloria a ti, Señor.

Al anochecer del día de la resurrección, estando cerradas las puertas de la casa donde se hallaban los discípulos, por miedo a los judíos, se presentó Jesús en medio de ellos y les dijo: "La paz esté con ustedes". Dicho esto, les mostró las manos y el costado. Cuando los discípulos vieron al Señor, se llenaron de alegría.

De nuevo les dijo Jesús: "La paz esté con ustedes. Como el Padre me ha enviado, así también los envío yo". Después de decir esto, sopló sobre ellos y les dijo: "Reciban el Espíritu Santo. A los que les perdonen los pecados, les quedarán perdonados; y a los que no se los perdonen, les quedarán sin perdonar".

Tomás, uno de los Doce, a quien llamaban el Gemelo, no estaba con ellos cuando vino Jesús, y los otros discípulos le decían: "Hemos visto al Señor". Pero él les contestó: "Si no veo en sus manos la señal de los clavos y si no meto mi dedo en los agujeros de los clavos y no meto mi mano en su costado, no creeré".

Ocho días después, estaban reunidos los discípulos a puerta cerrada y Tomás estaba con ellos. Jesús se presentó de nuevo en medio de ellos y les dijo: "La paz esté con ustedes". Luego le dijo a Tomás: "Aquí están mis manos, acerca tu dedo. Trae acá tu mano, métela en mi costado y no sigas dudando, sino cree". Tomás le respondió: "¡Señor mío y Dios mío!". Jesús añadió: "Tú crees porque me has visto; dichosos los que creen sin haber visto".

Otros muchos signos hizo Jesús en presencia de sus discípulos, pero no están escritos en este libro. Se escribieron éstos para que ustedes crean que Jesús es el Mesías, el Hijo de Dios, y para que, creyendo, tengan vida en su nombre.

Palabra del Señor.
R. Gloria a ti, Señor Jesús.

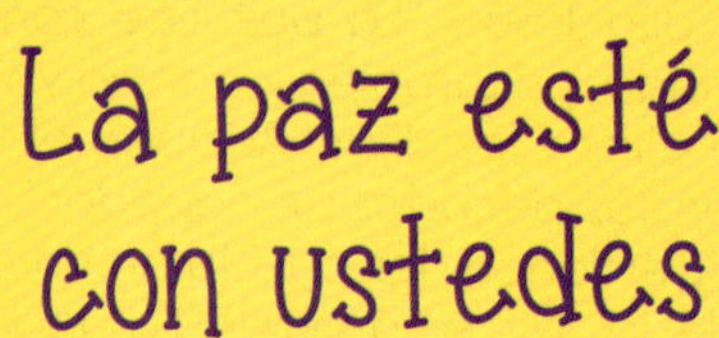

La paz esté con ustedes

14 de abril · 3er Domingo de Pascua · Blanco

Del libro de los Hechos de los Apóstoles: 3, 13-15. 17-19

En aquellos días, Pedro tomó la palabra y dijo: "El Dios de Abraham, de Isaac y de Jacob, el Dios de nuestros padres, ha glorificado a su siervo Jesús, a quien ustedes entregaron a Pilato, y a quien rechazaron en su presencia, cuando él ya había decidido ponerlo en libertad. Rechazaron al santo, al justo, y pidieron el indulto de un asesino; han dado muerte al autor de la vida, pero Dios lo resucitó de entre los muertos y de ello nosotros somos testigos.

Ahora bien, hermanos, yo sé que ustedes han obrado por ignorancia, de la misma manera que sus jefes; pero Dios cumplió así lo que había predicho por boca de los profetas: que su Mesías tenía que padecer. Por lo tanto, arrepiéntanse y conviértanse, para que se les perdonen sus pecados".

Palabra de Dios. R. Te alabamos, Señor.

Del salmo 4

R. En ti, Señor, confío. Aleluya.

Tú que conoces lo justo de mi causa,
Señor, responde a mi clamor.
Tú que me has sacado con bien
de mis angustias,
apiádate y escucha mi oración. R.

Admirable en bondad
ha sido el Señor para conmigo,
y siempre que lo invoco me ha escuchado;
por eso en él confío. R.

En paz, Señor, me acuesto
y duermo en paz,
pues sólo tú, Señor,
eres mi tranquilidad. R.

De la primera carta del apóstol san Juan: 2, 1-5

Hijitos míos: Les escribo esto para que no pequen. Pero, si alguien peca, tenemos como intercesor ante el Padre, a Jesucristo, el justo. Porque él se ofreció como víctima de expiación por nuestros pecados, y no sólo por los nuestros, sino por los del mundo entero.

En esto tenemos una prueba de que conocemos a Dios, en que cumplimos sus mandamientos. El que dice: "Yo lo conozco", pero no cumple sus mandamientos, es un mentiroso y la verdad no está en él. Pero en aquel que cumple su palabra, el amor de Dios ha llegado a su plenitud, y precisamente en esto conocemos que estamos unidos a él.

Palabra de Dios.   R. Te alabamos, Señor.

Del santo Evangelio según san Lucas: 24, 35-48

R. Gloria a ti, Señor.

Cuando los dos discípulos regresaron de Emaús y llegaron al sitio donde estaban reunidos los apóstoles, les contaron lo que les había pasado en el camino y cómo habían reconocido a Jesús al partir el pan.

Mientras hablaban de esas cosas, se presentó Jesús en medio de ellos y les dijo: "La paz esté con ustedes". Ellos, desconcertados y llenos de temor, creían ver un fantasma. Pero él les dijo: "No teman; soy yo. ¿Por qué se espantan? ¿Por qué surgen dudas en su interior? Miren mis manos y mis pies. Soy yo en persona. Tóquenme y convénzanse: un fantasma no tiene ni carne ni huesos, como ven que tengo yo". Y les mostró las manos y los pies. Pero como ellos no acababan de creer de pura alegría y seguían atónitos, les dijo: "¿Tienen aquí algo de comer?". Le ofrecieron un trozo de pescado asado; él lo tomó y se puso a comer delante de ellos.

Después les dijo: "Lo que ha sucedido es aquello de que les hablaba yo, cuando aún estaba con ustedes: que tenía que cumplirse todo lo que estaba escrito de mí en la ley de Moisés, en los profetas y en los salmos".

Entonces les abrió el entendimiento para que comprendieran las Escrituras y les dijo: "Está escrito que el Mesías tenía que padecer y había de resucitar de entre los muertos al tercer día, y que en su nombre se había de predicar a todas las naciones, comenzando por Jerusalén, la necesidad de volverse a Dios para el perdón de los pecados. Ustedes son testigos de esto".

Palabra del Señor.   R. Gloria a ti, Señor Jesús.

Yo soy el buen pastor

21 de abril • 4º Domingo de Pascua • Blanco

Del libro de los Hechos de los Apóstoles: 4, 8-12

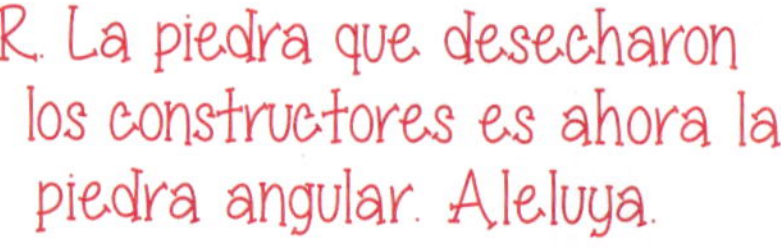

En aquellos días, Pedro, lleno del Espíritu Santo, dijo: "Jefes del pueblo y ancianos, puesto que hoy se nos interroga acerca del beneficio hecho a un hombre enfermo, para saber cómo fue curado, sépanlo ustedes y sépalo todo el pueblo de Israel: este hombre ha quedado sano en el nombre de Jesús de Nazaret, a quien ustedes crucificaron y a quien Dios resucitó de entre los muertos. Este mismo Jesús *es la piedra que ustedes, los constructores, han desechado y que ahora es la piedra angular.* Ningún otro puede salvarnos, porque no hay bajo el cielo otro nombre dado a los hombres por el que nosotros debamos salvarnos".

Palabra de Dios.   R. Te alabamos, Señor.

Del salmo 117

R. La piedra que desecharon los constructores es ahora la piedra angular. Aleluya.

Te damos gracias, Señor, porque eres bueno,
porque tu misericordia es eterna.
Más vale refugiarse en el Señor,
que poner en los hombres la confianza;
más vale refugiarse en el Señor,
que buscar con los fuertes una alianza. R.

Te doy gracias, Señor, pues me escuchaste
y fuiste para mí la salvación.
La piedra que desecharon los constructores,
es ahora la piedra angular.
Esto es obra de la mano del Señor,
es un milagro patente. R.

Bendito el que viene en nombre del Señor.
Que Dios desde su templo nos bendiga.
Tú eres mi Dios, y te doy gracias.
Tú eres mi Dios, y yo te alabo.
Te damos gracias, Señor, porque eres bueno,
porque tu misericordia es eterna. R.

De la primera carta del apóstol san Juan: 3, 1-2

Queridos hijos: Miren cuánto amor nos ha tenido el Padre, pues no sólo nos llamamos hijos de Dios, sino que lo somos. Si el mundo no nos reconoce, es porque tampoco lo ha reconocido a él.

Hermanos míos, ahora somos hijos de Dios, pero aún no se ha manifestado cómo seremos al fin. Y ya sabemos que, cuando él se manifieste, vamos a ser semejantes a él, porque lo veremos tal cual es.

Palabra de Dios. R. Te alabamos, Señor.

Del santo Evangelio según san Juan: 10, 11-18

R. Gloria a ti, Señor Jesús.

En aquel tiempo, Jesús dijo a los fariseos: "Yo soy el buen pastor. El buen pastor da la vida por sus ovejas. En cambio, el asalariado, el que no es el pastor ni el dueño de las ovejas, cuando ve venir al lobo, abandona las ovejas y huye; el lobo se arroja sobre ellas y las dispersa, porque a un asalariado no le importan las ovejas.

Yo soy el buen pastor, porque conozco a mis ovejas y ellas me conocen a mí, así como el Padre me conoce a mí y yo conozco al Padre. Yo doy la vida por mis ovejas. Tengo además otras ovejas que no son de este redil y es necesario que las traiga también a ellas; escucharán mi voz y habrá un solo rebaño y un solo pastor.

El Padre me ama porque doy mi vida para volverla a tomar. Nadie me la quita; yo la doy porque quiero. Tengo poder para darla y lo tengo también para volverla a tomar. Éste es el mandato que he recibido de mi Padre".

Palabra del Señor.
R. Gloria a ti, Señor Jesús.

Yo soy la vid, ustedes los sarmientos

28 de abril • 5º Domingo de Pascua • Blanco

Del libro de los Hechos de los Apóstoles: 9, 26-31

Cuando Pablo regresó a Jerusalén, trató de unirse a los discípulos, pero todos le tenían miedo, porque no creían que se hubiera convertido en discípulo.

Entonces, Bernabé lo presentó a los apóstoles y les refirió cómo Saulo había visto al Señor en el camino, cómo el Señor le había hablado y cómo él había predicado en Damasco, con valentía, en el nombre de Jesús. Desde entonces, vivió con ellos en Jerusalén, iba y venía, predicando abiertamente en el nombre del Señor, hablaba y discutía con los judíos de habla griega y éstos intentaban matarlo. Al enterarse de esto, los hermanos condujeron a Pablo a Cesarea y lo despacharon a Tarso.

En aquellos días, las comunidades cristianas gozaban de paz en toda Judea, Galilea y Samaria, con lo cual se iban consolidando, progresaban en la fidelidad a Dios y se multiplicaban, animadas por el Espíritu Santo.

Palabra de Dios.   R. Te alabamos, Señor.

Del salmo 21

R. Bendito sea el Señor. Aleluya.

Le cumpliré mis promesas al Señor
delante de sus fieles.
Los pobres comerán hasta saciarse
y alabarán al Señor los que lo buscan:
su corazón ha de vivir para siempre. R.

Recordarán al Señor y volverán a él
desde los últimos lugares del mundo;
en su presencia se postrarán
todas las familias de los pueblos.
Sólo ante él se postrarán todos los que mueren. R.

Mi descendencia lo servirá
y le contará a la siguiente generación,
al pueblo que ha de nacer,
la justicia del Señor
y todo lo que él ha hecho. R.

De la primera carta del apóstol san Juan: 3, 18-24

Hijos míos: No amemos solamente de palabra, amemos de verdad y con las obras. En esto conoceremos que somos de la verdad y delante de Dios tranquilizaremos nuestra conciencia de cualquier cosa que ella nos reprochare, porque Dios es más grande que nuestra conciencia y todo lo conoce. Si nuestra conciencia no nos remuerde, entonces, hermanos míos, nuestra confianza en Dios es total.

Puesto que cumplimos los mandamientos de Dios y hacemos lo que le agrada, ciertamente obtendremos de él todo lo que le pidamos. Ahora bien, éste es su mandamiento: que creamos en la persona de Jesucristo, su Hijo, y nos amemos los unos a los otros, conforme al precepto que nos dio. Quien cumple sus mandamientos permanece en Dios y Dios en él. En esto conocemos, por el Espíritu que él nos ha dado, que él permanece en nosotros.

Palabra de Dios.   R. Te alabamos, Señor.

Del santo Evangelio según san Juan: 15, 1-8

R. Gloria a ti, Señor.

En aquel tiempo, Jesús dijo a sus discípulos: "Yo soy la verdadera vid y mi Padre es el viñador. Al sarmiento que no da fruto en mí, él lo arranca, y al que da fruto lo poda para que dé más fruto.

Ustedes ya están purificados por las palabras que les he dicho. Permanezcan en mí y yo en ustedes. Como el sarmiento no puede dar fruto por sí mismo, si no permanece en la vid, así tampoco ustedes, si no permanecen en mí. Yo soy la vid, ustedes los sarmientos; el que permanece en mí y yo en él, ése da fruto abundante, porque sin mí nada pueden hacer. Al que no permanece en mí se le echa fuera, como al sarmiento, y se seca; luego lo recogen, lo arrojan al fuego y arde.

Si permanecen en mí y mis palabras permanecen en ustedes, pidan lo que quieran y se les concederá. La gloria de mi Padre consiste en que den mucho fruto y se manifiesten así como discípulos míos".

Palabra del Señor.   R. Gloria a ti, Señor Jesús.

Como el Padre me ama así los amo yo

5 de mayo • 6º Domingo de Pascua • Blanco

Del libro de los Hechos de los Apóstoles: 10, 25-26. 34-35. 44-48

En aquel tiempo, entró Pedro en la casa del oficial Cornelio, y éste le salió al encuentro y se postró ante él en señal de adoración. Pedro lo levantó y le dijo: "Ponte de pie, pues soy un hombre como tú". Luego añadió: "Ahora caigo en la cuenta de que Dios no hace distinción de personas, sino que acepta al que lo teme y practica la justicia, sea de la nación que fuere".

Todavía estaba hablando Pedro, cuando el Espíritu Santo descendió sobre todos los que estaban escuchando el mensaje. Al oírlos hablar en lenguas desconocidas y proclamar la grandeza de Dios, los creyentes judíos que habían venido con Pedro, se sorprendieron de que el don del Espíritu Santo se hubiera derramado también sobre los paganos.

Entonces Pedro sacó esta conclusión: "¿Quién puede negar el agua del bautismo a los que han recibido el Espíritu Santo lo mismo que nosotros?". Y los mandó bautizar en el nombre de Jesucristo. Luego le rogaron que se quedara con ellos algunos días.

Palabra de Dios. R. Te alabamos, Señor.

Del salmo 97

R. El Señor nos ha mostrado su amor y su lealtad. Aleluya.

Cantemos al Señor un canto nuevo,
pues ha hecho maravillas.
Su diestra y su santo brazo
le han dado la victoria. R.

El Señor ha dado a conocer su victoria
y ha revelado a las naciones su justicia.
Una vez más ha demostrado Dios
su amor y su lealtad hacia Israel. R.

La tierra entera ha contemplado
la victoria de nuestro Dios.
Que todos los pueblos y naciones
aclamen con júbilo al Señor. R.

De la primera carta del apóstol san Juan: 4, 7-10

Queridos hijos: Amémonos los unos a los otros, porque el amor viene de Dios; y todo el que ama ha nacido de Dios y conoce a Dios. El que no ama, no conoce a Dios, porque Dios es amor. El amor que Dios nos tiene se ha manifestado en que envió al mundo a su Hijo unigénito, para que vivamos por él.

El amor consiste en esto: no en que nosotros hayamos amado a Dios, sino en que él nos amó primero y nos envió a su Hijo, como víctima de expiación por nuestros pecados.

Palabra de Dios.   R. Te alabamos, Señor.

Del santo Evangelio según san Juan: 15, 9-17

R. Gloria a ti, Señor.

En aquel tiempo, Jesús dijo a sus discípulos: "Como el Padre me ama, así los amo yo. Permanezcan en mi amor. Si cumplen mis mandamientos, permanecen en mi amor; lo mismo que yo cumplo los mandamientos de mi Padre y permanezco en su amor. Les he dicho esto para que mi alegría esté en ustedes y su alegría sea plena.

Éste es mi mandamiento: que se amen los unos a los otros como yo los he amado. Nadie tiene amor más grande a sus amigos que el que da la vida por ellos. Ustedes son mis amigos, si hacen lo que yo les mando. Ya no los llamo siervos, porque el siervo no sabe lo que hace su amo; a ustedes los llamo amigos, porque les he dado a conocer todo lo que le he oído a mi Padre.

No son ustedes los que me han elegido, soy yo quien los ha elegido y los ha destinado para que vayan y den fruto y su fruto permanezca, de modo que el Padre les conceda cuanto le pidan en mi nombre. Esto es lo que les mando: que se amen los unos a los otros".

Palabra del Señor.   R. Gloria a ti, Señor Jesús.

Vayan por todo el mundo y prediquen el Evangelio

12 de mayo • La Ascensión del Señor • Blanco

Del libro de los Hechos de los Apóstoles: 1, 1-11

En mi primer libro, querido Teófilo, escribí acerca de todo lo que Jesús hizo y enseñó, hasta el día en que ascendió al cielo, después de dar sus instrucciones, por medio del Espíritu Santo, a los apóstoles que había elegido. A ellos se les apareció después de la pasión, les dio numerosas pruebas de que estaba vivo y durante cuarenta días se dejó ver por ellos y les habló del Reino de Dios.

Un día, estando con ellos a la mesa, les mandó: "No se alejen de Jerusalén. Aguarden aquí a que se cumpla la promesa de mi Padre, de la que ya les he hablado: Juan bautizó con agua; dentro de pocos días ustedes serán bautizados con el Espíritu Santo".

Los ahí reunidos le preguntaban: "Señor, ¿ahora sí vas a restablecer la soberanía de Israel?". Jesús les contestó: "A ustedes no les toca conocer el tiempo y la hora que el Padre ha determinado con su autoridad; pero cuando el Espíritu Santo descienda sobre ustedes, los llenará de fortaleza y serán mis testigos en Jerusalén, en toda Judea, en Samaria y hasta los últimos rincones de la tierra".

Dicho esto, se fue elevando a la vista de ellos, hasta que una nube lo ocultó a sus ojos. Mientras miraban fijamente al cielo, viéndolo alejarse, se les presentaron dos hombres vestidos de blanco, que les dijeron: "Galileos, ¿qué hacen allí parados, mirando al cielo? Ese mismo Jesús que los ha dejado para subir al cielo, volverá como lo han visto alejarse".

Palabra de Dios. R. Te alabamos, Señor.

Del salmo 46

R. Entre voces de júbilo, Dios asciende
   a su trono. Aleluya.

Aplaudan, pueblos todos;
   aclamen al Señor, de gozo llenos;
      que el Señor, el Altísimo, es terrible
      y de toda la tierra, rey supremo. R.

Entre voces de júbilo y trompetas,
Dios, el Señor, asciende hasta su trono.
 Cantemos en honor de nuestro Dios,
   al rey honremos y cantemos todos. R.

 Porque Dios es el rey del universo,
   cantemos el mejor de nuestros cantos.
 Reina Dios sobre todas las naciones
desde su trono santo. R.

De la carta del apóstol san Pablo a los efesios: 4, 1-13

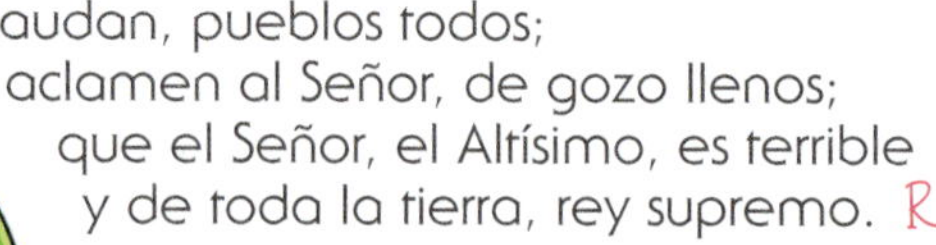

Hermanos: Yo, Pablo, prisionero por la causa del Señor, los exhorto a que lleven una vida digna del llamamiento que han recibido. Sean siempre humildes y amables; sean comprensivos y sopórtense mutuamente con amor; esfuércense en mantenerse unidos en el Espíritu con el vínculo de la paz.

Porque no hay más que un solo cuerpo y un solo Espíritu, como es también sólo una la esperanza del llamamiento que ustedes han recibido. Un solo Señor, una sola fe, un solo bautismo, un solo Dios y Padre de todos, que reina sobre todos, actúa a través de todos y vive en todos.

Cada uno de nosotros ha recibido la gracia en la medida en que Cristo se la ha dado. Por eso dice la Escritura: *Subiendo a las alturas, llevó consigo a los cautivos y dio dones a los hombres.*

¿Y qué quiere decir "subió"? Que primero bajó a lo profundo de la tierra. Y el que bajó es el mismo que subió a lo más alto de los cielos, para llenarlo todo.

Él fue quien concedió a unos ser apóstoles; a otros, ser profetas; a otros, ser evangelizadores; a otros, ser pastores y maestros. Y esto, para capacitar a los fieles, a fin de que, desempeñando debidamente su tarea, construyan el cuerpo de Cristo, hasta que todos lleguemos a estar unidos en la fe y en el conocimiento del Hijo de Dios, y lleguemos a ser hombres perfectos, que alcancemos en todas sus dimensiones la plenitud de Cristo.

Palabra de Dios.   R. Te alabamos, Señor.

Del santo Evangelio según san Marcos: 16, 15-20

R. Gloria a ti, Señor.

En aquel tiempo, se apareció Jesús a los Once y les dijo: "Vayan por todo el mundo y prediquen el Evangelio a toda creatura. El que crea y se bautice, se salvará; el que se resista a creer, será condenado. Éstos son los milagros que acompañarán a los que hayan creído: arrojarán demonios en mi nombre, hablarán lenguas nuevas, cogerán serpientes en sus manos, y si beben un veneno mortal, no les hará daño; impondrán las manos a los enfermos y éstos quedarán sanos".

El Señor Jesús, después de hablarles, subió al cielo y está sentado a la derecha de Dios. Ellos fueron y proclamaron el Evangelio por todas partes, y el Señor actuaba con ellos y confirmaba su predicación con los milagros que hacían.

Palabra del Señor.   R. Gloria a ti, Señor Jesús.

El Espíritu de la verdad que procede del Padre

19 de mayo • Domingo de Pentecostés • Rojo

Del libro de los Hechos de los Apóstoles: 2, 1-11

El día de Pentecostés, todos los discípulos estaban reunidos en un mismo lugar. De repente se oyó un gran ruido que venía del cielo, como cuando sopla un viento fuerte, que resonó por toda la casa donde se encontraban. Entonces aparecieron lenguas de fuego, que se distribuyeron y se posaron sobre ellos; se llenaron todos del Espíritu Santo y empezaron a hablar en otros idiomas, según el Espíritu los inducía a expresarse.

En esos días había en Jerusalén judíos devotos, venidos de todas partes del mundo. Al oír el ruido, acudieron en masa y quedaron desconcertados, porque cada uno los oía hablar en su propio idioma.

Atónitos y llenos de admiración, preguntaban: "¿No son galileos todos estos que están hablando? ¿Cómo, pues, los oímos hablar en nuestra lengua nativa? Entre nosotros hay medos, partos y elamitas; otros vivimos en Mesopotamia, Judea, Capadocia, en el Ponto y en Asia, en Frigia y en Panfilia, en Egipto o en la zona de Libia que limita con Cirene. Algunos somos visitantes, venidos de Roma, judíos y prosélitos; también hay cretenses y árabes. Y sin embargo, cada quien los oye hablar de las maravillas de Dios en su propia lengua".

Palabra de Dios.   R. Te alabamos, Señor.

Del salmo 103

R. Envía, Señor, tu Espíritu a renovar la tierra. Aleluya.

Bendice al Señor, alma mía;
Señor y Dios mío, inmensa es tu grandeza.
¡Qué numerosas son tus obras, Señor!
La tierra está llena de tus creaturas. R.

Si retiras tu aliento,
toda creatura muere y vuelve al polvo.
Pero envías tu espíritu, que da vida,
y renuevas el aspecto de la tierra. R.

Que Dios sea glorificado para siempre
y se goce en sus creaturas.
Ojalá que le agraden mis palabras
y yo me alegraré en el Señor. R.

De la primera carta del apóstol san Pablo a los corintios: 12, 3-7. 12-13

Hermanos: Nadie puede llamar a Jesús "Señor", si no es bajo la acción del Espíritu Santo.

Hay diferentes dones, pero el Espíritu es el mismo. Hay diferentes servicios, pero el Señor es el mismo. Hay diferentes actividades, pero Dios, que hace todo en todos, es el mismo.

En cada uno se manifiesta el Espíritu para el bien común. Porque así como el cuerpo es uno y tiene muchos miembros y todos ellos, a pesar de ser muchos, forman un solo cuerpo, así también es Cristo. Porque todos nosotros, seamos judíos o no judíos, esclavos o libres, hemos sido bautizados en un mismo Espíritu para formar un solo cuerpo, y a todos se nos ha dado a beber del mismo Espíritu.

Palabra de Dios.   R. Te alabamos, Señor.

O bien: Gál 5, 16-25

Del santo Evangelio según san Juan: 20, 19-23

R. Gloria a ti, Señor.

Al anochecer del día de la resurrección, estando cerradas las puertas de la casa donde se hallaban los discípulos, por miedo a los judíos, se presentó Jesús en medio de ellos y les dijo: "La paz esté con ustedes". Dicho esto, les mostró las manos y el costado. Cuando los discípulos vieron al Señor, se llenaron de alegría.

De nuevo les dijo Jesús: "La paz esté con ustedes. Como el Padre me ha enviado, así también los envío yo". Después de decir esto, sopló sobre ellos y les dijo: "Reciban el Espíritu Santo. A los que les perdonen los pecados, les quedarán perdonados; y a los que no se los perdonen, les quedarán sin perdonar".

Palabra del Señor.
R. Gloria a ti, Señor Jesús.

O bien: Jn 15, 26-27; 16, 12-15

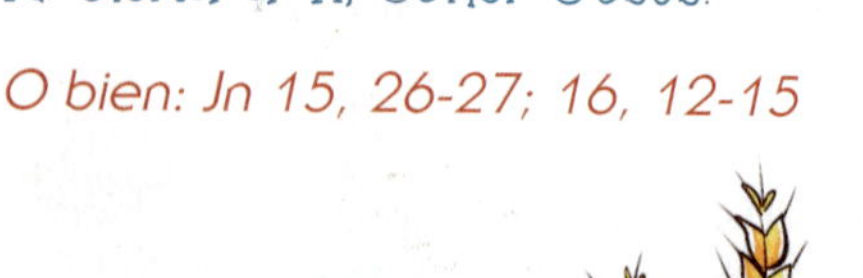

En el nombre del Padre y del Hijo y del Espíritu Santo

26 de mayo • La Santísima Trinidad • Blanco

Del libro del Deuteronomio: 4, 32-34. 39-40

En aquellos días, habló Moisés al pueblo y le dijo: "Pregunta a los tiempos pasados, investiga desde el día en que Dios creó al hombre sobre la tierra. ¿Hubo jamás, desde un extremo al otro del cielo, una cosa tan grande como ésta? ¿Se oyó algo semejante? ¿Qué pueblo ha oído, sin perecer, que Dios le hable desde el fuego, como tú lo has oído? ¿Hubo algún dios que haya ido a buscarse un pueblo en medio de otro pueblo, a fuerza de pruebas, de milagros y de guerras, con mano fuerte y brazo poderoso? ¿Hubo acaso hechos tan grandes como los que, ante sus propios ojos, hizo por ustedes en Egipto el Señor su Dios?

Reconoce, pues, y graba hoy en tu corazón que el Señor es el Dios del cielo y de la tierra y que no hay otro. Cumple sus leyes y mandamientos, que yo te prescribo hoy, para que seas feliz tú y tu descendencia, y para que vivas muchos años en la tierra que el Señor, tu Dios, te da para siempre".

Palabra de Dios.   R. Te alabamos, Señor.

Del salmo 32

R. Dichoso el pueblo escogido por Dios.

Sincera es la palabra del Señor
y todas sus acciones son leales.
Él ama la justicia y el derecho,
la tierra llena está de sus bondades. R.

La palabra del Señor hizo los cielos
y su aliento, los astros;
pues el Señor habló y fue hecho todo;
lo mandó con su voz y surgió el orbe. R.

Cuida el Señor de aquellos que lo temen
y en su bondad confían;
los salva de la muerte
y en épocas de hambre les da vida. R.

En el Señor está nuestra esperanza,
pues él es nuestra ayuda y nuestro amparo.
Muéstrate bondadoso con nosotros,
puesto que en ti, Señor, hemos
confiado. R.

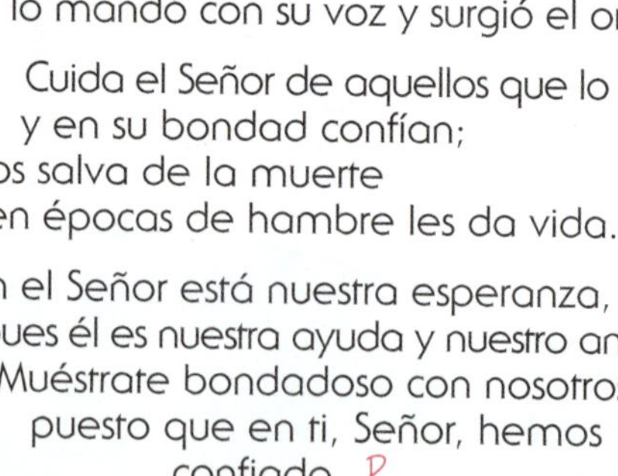

De la carta del apóstol san Pablo a los romanos: 8, 14-17

Hermanos: Los que se dejan guiar por el Espíritu de Dios, ésos son hijos de Dios. No han recibido ustedes un espíritu de esclavos, que los haga temer de nuevo, sino un espíritu de hijos, en virtud del cual podemos llamar Padre a Dios.

El mismo Espíritu Santo, a una con nuestro propio espíritu, da testimonio de que somos hijos de Dios. Y si somos hijos, somos también herederos de Dios y coherederos con Cristo, puesto que sufrimos con él para ser glorificados junto con él.

Palabra de Dios. R. Te alabamos, Señor.

Del santo Evangelio según san Mateo: 28, 16-20

R. Gloria a ti, Señor.

En aquel tiempo, los once discípulos se fueron a Galilea y subieron al monte en el que Jesús los había citado. Al ver a Jesús, se postraron, aunque algunos titubeaban.

Entonces, Jesús se acercó a ellos y les dijo: "Me ha sido dado todo poder en el cielo y en la tierra. Vayan, pues, y hagan discípulos a todos los pueblos, bautizándolos en el nombre del Padre y del Hijo y del Espíritu Santo, y enseñándoles a cumplir todo cuanto yo les he mandado; y sepan que yo estoy con ustedes todos los días, hasta el fin del mundo".

Palabra del Señor.
R. Gloria a ti, Señor Jesús.

Esto es mi cuerpo...
ésta es mi sangre
30 de mayo · El Cuerpo y la Sangre de Cristo · Blanco
104

Del libro del Éxodo: 24, 3-8

En aquellos días, Moisés bajó del monte Sinaí y refirió al pueblo todo lo que el Señor le había dicho y los mandamientos que le había dado. Y el pueblo contestó a una voz: "Haremos todo lo que dice el Señor".

Moisés puso por escrito todas las palabras del Señor. Se levantó temprano, construyó un altar al pie del monte y puso al lado del altar doce piedras conmemorativas, en representación de las doce tribus de Israel.

Después mandó a algunos jóvenes israelitas a ofrecer holocaustos e inmolar novillos, como sacrificios pacíficos en honor del Señor. Tomó la mitad de la sangre, la puso en vasijas y derramó sobre el altar la otra mitad.

Entonces tomó el libro de la alianza y lo leyó al pueblo, y el pueblo respondió: "Obedeceremos. Haremos todo lo que manda el Señor".

Luego Moisés roció al pueblo con la sangre, diciendo: "Ésta es la sangre de la alianza que el Señor ha hecho con ustedes, conforme a las palabras que han oído".

Palabra de Dios.   R. Te alabamos, Señor.

Del salmo 115

R. Levantaré el cáliz de la salvación.

¿Cómo le pagaré al Señor
todo el bien que me ha hecho?
Levantaré el cáliz de salvación
e invocaré el nombre del Señor. R.

A los ojos del Señor es muy penoso
que mueran sus amigos.
De la muerte, Señor, me has librado,
a mí, tu esclavo e hijo de tu esclava. R.

Te ofreceré con gratitud un sacrificio
e invocaré tu nombre.
Cumpliré mis promesas al Señor
ante todo su pueblo. R.

De la carta a los hebreos: 9, 11-15

Hermanos: Cuando Cristo se presentó como sumo sacerdote que nos obtiene los bienes definitivos, penetró una sola vez y para siempre en el "lugar santísimo", a través de una tienda, que no estaba hecha por mano de hombres, ni pertenecía a esta creación. No llevó consigo sangre de animales, sino su propia sangre, con la cual nos obtuvo una redención eterna.

Porque si la sangre de los machos cabríos y de los becerros y las cenizas de una ternera, cuando se esparcían sobre los impuros, eran capaces de conferir a los israelitas una pureza legal, meramente exterior, ¡cuánto más la sangre de Cristo purificará nuestra conciencia de todo pecado, a fin de que demos culto al Dios vivo, ya que a impulsos del Espíritu Santo, se ofreció a sí mismo como sacrificio inmaculado a Dios, y así podrá purificar nuestra conciencia de las obras que conducen a la muerte, para servir al Dios vivo!

Por eso, Cristo es el mediador de una alianza nueva. Con su muerte hizo que fueran perdonados los delitos cometidos durante la antigua alianza, para que los llamados por Dios pudieran recibir la herencia eterna que él les había prometido.

Palabra de Dios.
R. Te alabamos, Señor.

Del santo Evangelio según san Marcos: 14, 12-16. 22-26

R. Gloria a ti, Señor.

El primer día de la fiesta de los panes Ázimos, cuando se sacrificaba el cordero pascual, le preguntaron a Jesús sus discípulos: "¿Dónde quieres que vayamos a prepararte la cena de Pascua?". Él les dijo a dos de ellos: "Vayan a la ciudad. Encontrarán a un hombre que lleva un cántaro de agua; síganlo y díganle al dueño de la casa en donde entre: 'El Maestro manda preguntar: ¿Dónde está la habitación en que voy a comer la Pascua con mis discípulos?'. Él les enseñará una sala en el segundo piso, arreglada con divanes. Prepárennos allí la cena". Los discípulos se fueron, llegaron a la ciudad, encontraron lo que Jesús les había dicho y prepararon la cena de Pascua.

Mientras cenaban, Jesús tomó un pan, pronunció la bendición, lo partió y se lo dio a sus discípulos, diciendo: "Tomen: esto es mi cuerpo". Y tomando en sus manos una copa de vino, pronunció la acción de gracias, se la dio, todos bebieron y les dijo: "Ésta es mi sangre, sangre de la alianza, que se derrama por todos. Yo les aseguro que no volveré a beber del fruto de la vid hasta el día en que beba el vino nuevo en el Reino de Dios".

Después de cantar el himno, salieron hacia el monte de los Olivos.

Palabra del Señor.
R. Gloria a ti, Señor Jesús.

Jesús iba caminando entre los sembrados

Del libro del Deuteronomio: 5, 12-15

Esto dice el Señor: "Santifica el día sábado, como el Señor, tu Dios, te lo manda. Tienes seis días para trabajar y hacer tus quehaceres, pero el séptimo es día de descanso, dedicado al Señor, tu Dios. No harán trabajo alguno ni tú, ni tu hijo, ni tu hija, ni tu esclavo, ni tu esclava, ni tu buey, ni tu asno, ni tu ganado, ni el extranjero que hospedes en tu casa; tu esclavo y tu esclava descansarán igual que tú.

Recuerda que fuiste esclavo en Egipto y que te sacó de allá el Señor, tu Dios, con mano fuerte y brazo poderoso. Por eso te manda el Señor, tu Dios, guardar el día sábado".

Palabra de Dios.   R. Te alabamos, Señor.

Del salmo 80

R. El Señor es nuestra fortaleza.

Entonemos un canto
al son de las guitarras y del arpa.
Que suene la trompeta en esta fiesta,
que conmemora nuestra alianza. R.

Porque ésta es una ley en Israel,
es un precepto que el Dios de Jacob
estableció para su pueblo,
cuando lo rescató de Egipto. R.

Oyó Israel palabras nunca oídas:
"He quitado la carga de tus hombros
y el pesado canasto de tus manos.
Clamaste en la aflicción y te libré. R.

No tendrás otro Dios, fuera de mí,
ni adorarás a dioses extranjeros.
Pues yo, el Señor, soy el Dios tuyo,
el que te sacó de Egipto, tu destierro". R.

De la segunda carta del apóstol san Pablo a los corintios: 4, 6-11

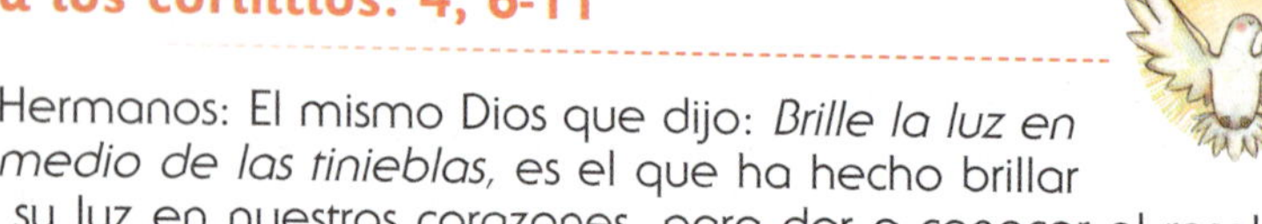

Hermanos: El mismo Dios que dijo: *Brille la luz en medio de las tinieblas,* es el que ha hecho brillar su luz en nuestros corazones, para dar a conocer el resplandor de la gloria de Dios, que se manifiesta en el rostro de Cristo.

Pero llevamos este tesoro en vasijas de barro, para que se vea que esta fuerza tan extraordinaria proviene de Dios y no de nosotros mismos. Por eso sufrimos toda clase de pruebas, pero no nos angustiamos. Nos abruman las preocupaciones, pero no nos desesperamos. Nos vemos perseguidos, pero no desamparados; derribados, pero no vencidos.

Llevamos siempre y por todas partes la muerte de Jesús en nuestro cuerpo, para que en este mismo cuerpo se manifieste también la vida de Jesús. Nuestra vida es un continuo estar expuestos a la muerte por causa de Jesús, para que también la vida de Jesús se manifieste en nuestra carne mortal.

Palabra de Dios.   R. Te alabamos, Señor.

Del santo Evangelio según san Marcos: 2, 23–3, 6

R. Gloria a ti, Señor.

Un sábado, Jesús iba caminando entre los sembrados, y sus discípulos comenzaron a arrancar espigas al pasar. Entonces los fariseos le preguntaron: "¿Por qué hacen tus discípulos algo que no está permitido hacer en sábado?".

Él les respondió: "¿No han leído acaso lo que hizo David una vez que tuvo necesidad y padecían hambre él y sus compañeros? Entró en la casa de Dios, en tiempos del sumo sacerdote Abiatar, comió de los panes sagrados, que sólo podían comer los sacerdotes, y les dio también a sus compañeros".

Luego añadió Jesús: "El sábado se hizo para el hombre, y no el hombre para el sábado. Y el Hijo del hombre también es dueño del sábado".

Entró Jesús en la sinagoga, donde había un hombre que tenía tullida una mano. Los fariseos estaban espiando a Jesús para ver si curaba en sábado y poder acusarlo. Jesús le dijo al tullido: "Levántate y ponte allí en medio". Después les preguntó: "¿Qué es lo que está permitido hacer en sábado, el bien o el mal? ¿Se le puede salvar la vida a un hombre en sábado o hay que dejarlo morir?". Ellos se quedaron callados. Entonces, mirándolos con ira y con tristeza, porque no querían entender, le dijo al hombre: "Extiende tu mano". La extendió, y su mano quedó sana.

Entonces se salieron los fariseos y comenzaron a hacer planes, con los del partido de Herodes, para matar a Jesús.

Palabra del Señor.
R. Gloria a ti, Señor Jesús.

Éstos son mi madre y mis hermanos

9 de junio · 10º Domingo del Tiempo Ordinario · Verde

Del libro del Génesis: 3, 9-15

Después de que el hombre y la mujer comieron del fruto del árbol prohibido, el Señor Dios llamó al hombre y le preguntó: "¿Dónde estás?". Éste le respondió: "Oí tus pasos en el jardín y tuve miedo, porque estoy desnudo, y me escondí". Entonces le dijo Dios: "¿Y quién te ha dicho que estabas desnudo? ¿Has comido acaso del árbol del que te prohibí comer?".

Respondió Adán: "La mujer que me diste por compañera me ofreció del fruto del árbol y comí". El Señor Dios dijo a la mujer: "¿Por qué has hecho esto?". Repuso la mujer: "La serpiente me engañó y comí".

Entonces dijo el Señor Dios a la serpiente: "Porque has hecho esto, serás maldita entre todos los animales y entre todas las bestias salvajes. Te arrastrarás sobre tu vientre y comerás polvo todos los días de tu vida. Pondré enemistad entre ti y la mujer, entre tu descendencia y la suya; y su descendencia te aplastará la cabeza, mientras tú tratarás de morder su talón".

Palabra de Dios.   R. Te alabamos, Señor.

Del salmo 129

R. Perdónanos, Señor, y viviremos.

Desde el abismo de mis pecados clamo a ti;
    Señor, escucha mi clamor; que estén atentos
    tus oídos a mi voz suplicante. R.

Si conservaras el recuerdo de las culpas,
    ¿quién habría, Señor, que se salvara?
    Pero de ti procede el perdón,
    por eso con amor te veneramos. R.

Confío en el Señor, mi alma espera
    y confía en su palabra; mi alma aguarda al Señor,
    mucho más que a la aurora el centinela. R.

Como aguarda a la aurora el centinela,
aguarda Israel al Señor, porque del Señor
viene la misericordia y la abundancia
de la redención, y él redimirá a su pueblo
de todas sus iniquidades. R.

De la segunda carta del apóstol san Pablo a los corintios: 4, 13–5, 1

Hermanos: Como poseemos el mismo espíritu de fe que se expresa en aquel texto de la Escritura: *Creo, por eso hablo*, también nosotros creemos y por eso hablamos, sabiendo que aquel que resucitó a Jesús nos resucitará también a nosotros con Jesús y nos colocará a su lado con ustedes. Y todo esto es para bien de ustedes, de manera que, al extenderse la gracia a más y más personas, se multiplique la acción de gracias para gloria de Dios.

Por esta razón no nos acobardamos; pues aunque nuestro cuerpo se va desgastando, nuestro espíritu se renueva de día en día. Nuestros sufrimientos momentáneos y ligeros nos producen una riqueza eterna, una gloria que los sobrepasa con exceso.

Nosotros no ponemos la mira en lo que se ve, sino en lo que no se ve, porque lo que se ve es transitorio y lo que no se ve es eterno. Sabemos que, aunque se desmorone esta morada terrena, que nos sirve de habitación, Dios nos tiene preparada en el cielo una morada eterna, no construida por manos humanas.

Palabra de Dios.   R. Te alabamos, Señor.

Del santo Evangelio según san Marcos: 3, 20-35

R. Gloria a ti, Señor.

En aquel tiempo, Jesús entró en una casa con sus discípulos y acudió tanta gente, que no los dejaban ni comer. Al enterarse sus parientes, fueron a buscarlo, pues decían que se había vuelto loco.

Los escribas que habían venido de Jerusalén, decían acerca de Jesús: "Este hombre está poseído por Satanás, príncipe de los demonios, y por eso los echa fuera".

Jesús llamó entonces a los escribas y les dijo en parábolas: "¿Cómo puede Satanás expulsar a Satanás? Porque si un reino está dividido en bandos opuestos, no puede subsistir. Una familia dividida tampoco puede subsistir. De la misma manera, si Satanás se rebela contra sí mismo y se divide, no podrá subsistir, pues ha llegado su fin. Nadie puede entrar en la casa de un hombre fuerte y llevarse sus cosas, si primero no lo ata. Sólo así podrá saquear la casa.

Yo les aseguro que a los hombres se les perdonarán todos sus pecados y todas sus blasfemias. Pero el que blasfeme contra el Espíritu Santo nunca tendrá perdón; será reo de un pecado eterno". Jesús dijo esto, porque lo acusaban de estar poseído por un espíritu inmundo.

Llegaron entonces su madre y sus parientes; se quedaron fuera y lo mandaron llamar. En torno a él estaba sentada una multitud, cuando le dijeron: "Ahí fuera están tu madre y tus hermanos, que te buscan".

Él les respondió: "¿Quién es mi madre y quiénes son mis hermanos?". Luego, mirando a los que estaban sentados a su alrededor, dijo: "Éstos son mi madre y mis hermanos. Porque el que cumple la voluntad de Dios, ése es mi hermano, mi hermana y mi madre".

Palabra del Señor.   R. Gloria a ti, Señor Jesús.

El hombre echa mano de la hoz, pues ha llegado la cosecha

Del libro del profeta Ezequiel: 17, 22-24

Esto dice el Señor Dios: "Yo tomaré un renuevo de la copa de un gran cedro, de su más alta rama cortaré un retoño. Lo plantaré en la cima de un monte excelso y sublime. Lo plantaré en la montaña más alta de Israel. Echará ramas, dará fruto y se convertirá en un cedro magnífico. En él anidarán toda clase de pájaros y descansarán al abrigo de sus ramas.

Así, todos los árboles del campo sabrán que yo, el Señor, humillo los árboles altos y elevo los árboles pequeños; que seco los árboles lozanos y hago florecer los árboles secos. Yo, el Señor, lo he dicho y lo haré".

Palabra de Dios.   R. Te alabamos, Señor.

Del salmo 91

R. ¡Qué bueno es darte gracias, Señor!

¡Qué bueno es darte gracias, Dios altísimo,
y celebrar tu nombre,
pregonando tu amor cada mañana
y tu fidelidad, todas las noches! R.

Los justos crecerán como las palmas,
como los cedros en los altos montes;
plantados en la casa del Señor,
en medio de sus atrios darán flores. R.

Seguirán dando fruto en su vejez,
frondosos y lozanos como jóvenes,
para anunciar que en Dios, mi protector,
ni maldad ni injusticia se conocen. R.

De la segunda carta del apóstol san Pablo a los corintios: 5, 6-10

Hermanos: Siempre tenemos confianza, aunque sabemos que, mientras vivimos en el cuerpo, estamos desterrados, lejos del Señor. Caminamos guiados por la fe, sin ver todavía. Estamos, pues, llenos de confianza y preferimos salir de este cuerpo para vivir con el Señor.

Por eso procuramos agradarle, en el destierro o en la patria. Porque todos tendremos que comparecer ante el tribunal de Cristo, para recibir el premio o el castigo por lo que hayamos hecho en esta vida.

Palabra de Dios.   R. Te alabamos, Señor.

Del santo Evangelio según san Marcos: 4, 26-34

R. Gloria a ti, Señor.

En aquel tiempo, Jesús dijo a la multitud: "El Reino de Dios se parece a lo que sucede cuando un hombre siembra la semilla en la tierra: que pasan las noches y los días, y sin que él sepa cómo, la semilla germina y crece; y la tierra, por sí sola, va produciendo el fruto: primero los tallos, luego las espigas y después los granos en las espigas. Y cuando ya están maduros los granos, el hombre echa mano de la hoz, pues ha llegado el tiempo de la cosecha".

Les dijo también: "¿Con qué compararemos el Reino de Dios? ¿Con qué parábola lo podremos representar? Es como una semilla de mostaza que, cuando se siembra, es la más pequeña de las semillas; pero una vez sembrada, crece y se convierte en el mayor de los arbustos y echa ramas tan grandes, que los pájaros pueden anidar a su sombra".

Y con otras muchas parábolas semejantes les estuvo exponiendo su mensaje, de acuerdo con lo que ellos podían entender. Y no les hablaba sino en parábolas; pero a sus discípulos les explicaba todo en privado.

Palabra del Señor.
R. Gloria a ti, Señor Jesús.

Dijo al mar: "¡Cállate, enmudece!"

23 de junio · 12º Domingo del Tiempo Ordinario · Verde

Del libro de Job: 38, 1. 8-11

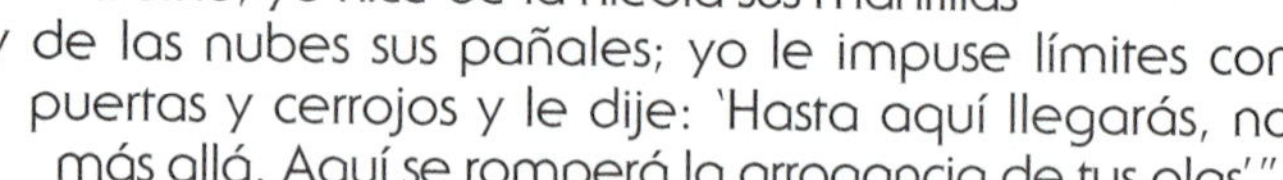

El Señor habló a Job desde la tormenta y le dijo: "Yo le puse límites al mar, cuando salía impetuoso del seno materno; yo hice de la niebla sus mantillas y de las nubes sus pañales; yo le impuse límites con puertas y cerrojos y le dije: 'Hasta aquí llegarás, no más allá. Aquí se romperá la arrogancia de tus olas'".

Palabra de Dios.   R. Te alabamos, Señor.

Del salmo 106

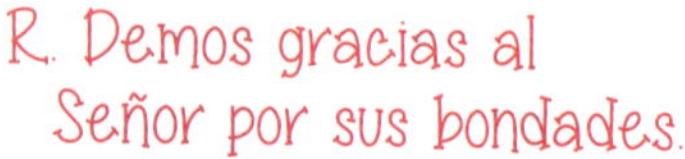

R. Demos gracias al
Señor por sus bondades.

Los que la mar surcaban con sus naves,
por las aguas inmensas negociando,
el poder del Señor y sus prodigios
en medio del abismo contemplaron. R.

Habló el Señor y un viento huracanado
las olas encrespó;
al cielo y al abismo eran lanzados,
sobrecogidos de terror. R.

Clamaron al Señor en tal apuro
y él los libró de sus congojas.
Cambió la tempestad en suave brisa
y apaciguó las olas. R.

Se alegraron al ver la mar tranquila
y el Señor los llevó al puerto anhelado.
Den gracias al Señor por los prodigios
que su amor por el hombre ha
realizado. R.

De la segunda carta del apóstol san Pablo a los corintios: 5, 14-17

Hermanos: El amor de Cristo nos apremia, al pensar que si uno murió por todos, todos murieron. Cristo murió por todos para que los que viven ya no vivan para sí mismos, sino para aquel que murió y resucitó por ellos.

Por eso nosotros ya no juzgamos a nadie con criterios humanos. Si alguna vez hemos juzgado a Cristo con tales criterios, ahora ya no lo hacemos. El que vive según Cristo es una creatura nueva; para él todo lo viejo ha pasado. Ya todo es nuevo.

Palabra de Dios.   R. Te alabamos, Señor.

Del santo Evangelio según san Marcos: 4, 35-41

R. Gloria a ti, Señor.

Un día, al atardecer, Jesús dijo a sus discípulos: "Vamos a la otra orilla del lago". Entonces los discípulos despidieron a la gente y condujeron a Jesús en la misma barca en que estaba. Iban además otras barcas.

De pronto se desató un fuerte viento y las olas se estrellaban contra la barca y la iban llenando de agua. Jesús dormía en la popa, reclinado sobre un cojín. Lo despertaron y le dijeron: "Maestro, ¿no te importa que nos hundamos?". Él se despertó, reprendió al viento y dijo al mar: "¡Cállate, enmudece!". Entonces el viento cesó y sobrevino una gran calma. Jesús les dijo: "¿Por qué tenían tanto miedo? ¿Aún no tienen fe?". Todos se quedaron espantados y se decían unos a otros: "¿Quién es éste, a quien hasta el viento y el mar obedecen?".

Palabra del Señor.   R. Gloria a ti, Señor Jesús.

Del libro de la Sabiduría: 1, 13-15; 2, 23-24

Dios no hizo la muerte, ni se recrea en la destrucción de los vivientes. Todo lo creó para que subsistiera. Las creaturas del mundo son saludables; no hay en ellas veneno mortal.

Dios creó al hombre para que nunca muriera, porque lo hizo a imagen y semejanza de sí mismo; mas por envidia del diablo entró la muerte en el mundo y la experimentan quienes le pertenecen.

Palabra de Dios.   R. Te alabamos, Señor.

Del salmo 29

R. Te alabaré, Señor, eternamente.

Te alabaré, Señor, pues no dejaste
que se rieran de mí mis enemigos.
Tú, Señor, me salvaste de la muerte
y a punto de morir, me reviviste. R.

Alaben al Señor quienes lo aman,
den gracias a su nombre,
porque su ira dura un solo instante
y su bondad, toda la vida.
El llanto nos visita por la tarde;
por la mañana, el júbilo. R.

Escúchame, Señor, y compadécete;
Señor, ven en mi ayuda.
Convertiste mi duelo en alegría,
te alabaré por eso eternamente. R.

De la segunda carta del apóstol san Pablo a los corintios: 8, 7. 9. 13-15

Hermanos: Ya que ustedes se distinguen en todo: en fe, en palabra, en sabiduría, en diligencia para todo y en amor hacia nosotros, distínganse también ahora por su generosidad.

Bien saben lo generoso que ha sido nuestro Señor Jesucristo, que siendo rico, se hizo pobre por ustedes, para que ustedes se hicieran ricos con su pobreza.

No se trata de que los demás vivan tranquilos, mientras ustedes están sufriendo. Se trata, más bien, de aplicar durante nuestra vida una medida justa; porque entonces la abundancia de ustedes remediará las carencias de ellos, y ellos, por su parte, los socorrerán a ustedes en sus necesidades. En esa forma habrá un justo medio, como dice la Escritura: *Al que recogía mucho, nada le sobraba; al que recogía poco, nada le faltaba.*

Palabra de Dios.   R. Te alabamos, Señor.

Del santo Evangelio según san Marcos: 5, 21-43

R. Gloria a ti, Señor.

En aquel tiempo, cuando Jesús regresó en la barca al otro lado del lago, se quedó en la orilla y ahí se le reunió mucha gente. Entonces se acercó uno de los jefes de la sinagoga, llamado Jairo. Al ver a Jesús, se echó a sus pies y le suplicaba con insistencia: "Mi hija está agonizando. Ven a imponerle las manos para que se cure y viva". Jesús se fue con él, y mucha gente lo seguía y lo apretujaba.

Entre la gente había una mujer que padecía flujo de sangre desde hacía doce años. Había

sufrido mucho a manos de los médicos y había gastado en eso toda su fortuna, pero en vez de mejorar, había empeorado. Oyó hablar de Jesús, vino y se le acercó por detrás entre la gente y le tocó el manto, pensando que, con sólo tocarle el vestido, se curaría. Inmediatamente se le secó la fuente de su hemorragia y sintió en su cuerpo que estaba curada.

Jesús notó al instante que una fuerza curativa había salido de él, se volvió hacia la gente y les preguntó: "¿Quién ha tocado mi manto?". Sus discípulos le contestaron: "Estás viendo cómo te empuja la gente y todavía preguntas: '¿Quién me ha tocado?'". Pero él seguía mirando alrededor, para descubrir quién había sido. Entonces se acercó la mujer, asustada y temblorosa, al comprender lo que había pasado; se postró a sus pies y le confesó la verdad. Jesús la tranquilizó, diciendo: "Hija, tu fe te ha curado. Vete en paz y queda sana de tu enfermedad".

Todavía estaba hablando Jesús, cuando unos criados llegaron de casa del jefe de la sinagoga para decirle a éste: "Ya se murió tu hija. ¿Para qué sigues molestando al Maestro?". Jesús alcanzó a oír lo que hablaban y le dijo al jefe de la sinagoga: "No temas, basta que tengas fe". No permitió que lo acompañaran más que Pedro, Santiago y Juan, el hermano de Santiago.

Al llegar a la casa del jefe de la sinagoga, vio Jesús el alboroto de la gente y oyó los llantos y los alaridos que daban. Entró y les dijo: "¿Qué significa tanto llanto y alboroto? La niña no está muerta, está dormida". Y se reían de él.

Entonces Jesús echó fuera a la gente, y con los padres de la niña y sus acompañantes, entró a donde estaba la niña. La tomó de la mano y le dijo: "¡Talitá, kum!", que significa: "¡Óyeme, niña, levántate!". La niña, que tenía doce años, se levantó inmediatamente y se puso a caminar. Todos se quedaron asombrados. Jesús les ordenó severamente que no lo dijeran a nadie y les mandó que le dieran de comer a la niña.

Palabra del Señor.   R. Gloria a ti, Señor Jesús.

Jesús fue a su tierra en compañía de sus discípulos
7 de julio · 14º Domingo del Tiempo Ordinario · Verde
126

Del libro del profeta Ezequiel: 2, 2-5

En aquellos días, el espíritu entró en mí, hizo que me pusiera en pie y oí una voz que me decía:

"Hijo de hombre, yo te envío a los israelitas, a un pueblo rebelde, que se ha sublevado contra mí. Ellos y sus padres me han traicionado hasta el día de hoy. También sus hijos son testarudos y obstinados. A ellos te envío para que les comuniques mis palabras. Y ellos, te escuchen o no, porque son una raza rebelde, sabrán que hay un profeta en medio de ellos".

Palabra de Dios.   R. Te alabamos, Señor.

Del salmo 122

R. Ten piedad de nosotros, ten piedad.

En ti, Señor, que habitas en lo alto,
fijos los ojos tengo,
como fijan sus ojos en las manos
de su señor, los siervos. R.

Así como la esclava en su señora
tiene fijos los ojos,
fijos en el Señor están los nuestros,
hasta que Dios se apiade de nosotros. R.

Ten piedad de nosotros, ten piedad,
porque estamos, Señor, hartos de injurias;
saturados estamos de desprecios,
de insolencias y burlas. R.

De la segunda carta del apóstol san Pablo a los corintios: 12, 7-10

Hermanos: Para que yo no me llene de soberbia por la sublimidad de las revelaciones que he tenido, llevo una espina clavada en mi carne, un enviado de Satanás, que me abofetea para humillarme. Tres veces le he pedido al Señor que me libre de esto, pero él me ha respondido: "Te basta mi gracia, porque mi poder se manifiesta en la debilidad".

Así pues, de buena gana prefiero gloriarme de mis debilidades, para que se manifieste en mí el poder de Cristo. Por eso me alegro de las debilidades, los insultos, las necesidades, las persecuciones y las dificultades que sufro por Cristo, porque cuando soy más débil, soy más fuerte.

Palabra de Dios.   R. Te alabamos, Señor.

Del santo Evangelio según san Marcos: 6, 1-6

R. Gloria a ti, Señor.

En aquel tiempo, Jesús fue a su tierra en compañía de sus discípulos. Cuando llegó el sábado, se puso a enseñar en la sinagoga, y la multitud que lo escuchaba se preguntaba con asombro: "¿Dónde aprendió este hombre tantas cosas? ¿De dónde le viene esa sabiduría y ese poder para hacer milagros? ¿Qué no es éste el carpintero, el hijo de María, el hermano de Santiago, José, Judas y Simón? ¿No viven aquí, entre nosotros, sus hermanas?". Y estaban desconcertados.

Pero Jesús les dijo: "Todos honran a un profeta, menos los de su tierra, sus parientes y los de su casa". Y no pudo hacer allí ningún milagro, sólo curó a algunos enfermos imponiéndoles las manos. Y estaba extrañado de la incredulidad de aquella gente. Luego se fue a enseñar en los pueblos vecinos.

Palabra del Señor.   R. Gloria a ti, Señor Jesús.

Ungían con aceite a los enfermos y los curaban

14 de julio • 15º Domingo del Tiempo Ordinario • Verde

Del profeta Amós: 7, 12-15

En aquel tiempo, Amasías, sacerdote de Betel, le dijo al profeta Amós: "Vete de aquí, visionario, y huye al país de Judá; gánate allá el pan, profetizando; pero no vuelvas a profetizar en Betel, porque es santuario del rey y templo del reino".

Respondió Amós: "Yo no soy profeta ni hijo de profeta, sino pastor y cultivador de higos. El Señor me sacó de junto al rebaño y me dijo: 'Ve y profetiza a mi pueblo, Israel' ".

Palabra de Dios.   R. Te alabamos, Señor.

Del salmo 84

R. Muéstranos, Señor,
tu misericordia.

Escucharé las palabras del Señor,
palabras de paz para su pueblo santo.
Está ya cerca nuestra salvación
y la gloria del Señor habitará en la tierra. R.

La misericordia y la verdad se encontraron,
la justicia y la paz se besaron
la fidelidad brotó en la tierra
y la justicia vino del cielo. R.

Cuando el Señor nos muestre su bondad,
nuestra tierra producirá su fruto.
La justicia le abrirá camino al Señor
e irá siguiendo sus pisadas. R.

De la carta del apóstol san Pablo a los efesios: 1, 3-14

Bendito sea Dios, Padre de nuestro Señor Jesucristo, que nos ha bendecido en él con toda clase de bienes espirituales y celestiales. Él nos eligió en Cristo, antes de crear el mundo, para que fuéramos santos e irreprochables a sus ojos, por el amor, y determinó, porque así lo quiso, que, por medio de Jesucristo, fuéramos sus hijos, para que alabemos y glorifiquemos la gracia con que nos ha favorecido por medio de su Hijo amado.

Pues por Cristo, por su sangre, hemos recibido la redención, el perdón de los pecados. Él ha prodigado sobre nosotros el tesoro de su gracia, con toda sabiduría e inteligencia, dándonos a conocer el misterio de su voluntad. Éste es el plan que había proyectado realizar por Cristo, cuando llegara la plenitud de los tiempos: hacer que todas las cosas, las del cielo y las de la tierra, tuvieran a Cristo por cabeza.

Con Cristo somos herederos también nosotros. Para esto estábamos destinados, por decisión del que lo hace todo según su voluntad: para que fuéramos una alabanza continua de su gloria, nosotros, los que ya antes esperábamos en Cristo.

En él, también ustedes, después de escuchar la palabra de la verdad, el Evangelio de su salvación, y después de creer, han sido marcados con el Espíritu Santo prometido. Este Espíritu es la garantía de nuestra herencia, mientras llega la liberación del pueblo adquirido por Dios, para alabanza de su gloria.

Palabra de Dios.   R. Te alabamos, Señor.

Del santo Evangelio según san Marcos: 6, 7-13

R. Gloria a ti, Señor.

En aquel tiempo, llamó Jesús a los Doce, los envió de dos en dos y les dio poder sobre los espíritus inmundos. Les mandó que no llevaran nada para el camino: ni pan, ni mochila, ni dinero en el cinto, sino únicamente un bastón, sandalias y una sola túnica.

Y les dijo: "Cuando entren en una casa, quédense en ella hasta que se vayan de ese lugar. Si en alguna parte no los reciben ni los escuchan, al abandonar ese lugar, sacúdanse el polvo de los pies, como una advertencia para ellos".

Los discípulos se fueron a predicar la conversión. Expulsaban a los demonios, ungían con aceite a los enfermos y los curaban.

Palabra del Señor.   R. Gloria a ti, Señor Jesús.

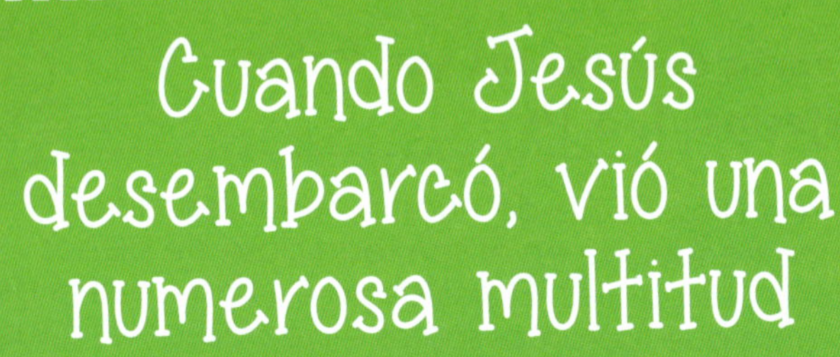

Cuando Jesús desembarcó, vió una numerosa multitud
21 de julio • 16º Domingo del Tiempo Ordinario • Verde

Del libro del profeta Jeremías: 23, 1-6

¡Ay de los pastores que dispersan y dejan perecer a las ovejas de mi rebaño!, dice el Señor.

Por eso habló así el Señor, Dios de Israel, contra los pastores que apacientan a mi pueblo: "Ustedes han rechazado y dispersado a mis ovejas y no las han cuidado. Yo me encargaré de castigar la maldad de las acciones de ustedes. Yo mismo reuniré al resto de mis ovejas de todos los países a donde las había expulsado y las volveré a traer a sus pastos, para que ahí crezcan y se multipliquen. Les pondré pastores que las apacienten. Ya no temerán ni se espantarán y ninguna se perderá.

Miren: Viene un tiempo, dice el Señor, en que haré surgir un renuevo en el tronco de David: será un rey justo y prudente y hará que en la tierra se observen la ley y la justicia. En sus días será puesto a salvo Judá, Israel habitará confiadamente y a él lo llamarán con este nombre: 'El Señor es nuestra justicia' ".

Palabra de Dios.   R. Te alabamos, Señor.

Del salmo 22

R. El Señor es mi pastor, nada me faltará.

El Señor es mi pastor, nada me falta;
en verdes praderas me hace reposar
y hacia fuentes tranquilas me conduce
para reparar mis fuerzas. R.

Por ser un Dios fiel a sus promesas,
me guía por el sendero recto;
así, aunque camine por cañadas oscuras,
nada temo, porque tú estás conmigo.
Tu vara y tu cayado me dan seguridad. R.

Tú mismo me preparas la mesa,
a despecho de mis adversarios;
me unges la cabeza con perfume
y llenas mi copa hasta los bordes. R.

Tu bondad y tu misericordia me acompañarán
todos los días de mi vida;
y viviré en la casa del Señor
por años sin término. R.

De la carta del apóstol san Pablo a los efesios: 2, 13-18

Hermanos: Ahora, unidos a Cristo Jesús, ustedes, que antes estaban lejos, están cerca, en virtud de la sangre de Cristo.

Porque él es nuestra paz; él hizo de los judíos y de los no judíos un solo pueblo; él destruyó, en su propio cuerpo, la barrera que los separaba: el odio; él abolió la ley, que consistía en mandatos y reglamentos, para crear en sí mismo, de los dos pueblos, un solo hombre nuevo, estableciendo la paz, y para reconciliar a ambos, hechos un solo cuerpo, con Dios, por medio de la cruz, dando muerte en sí mismo al odio.

Vino para anunciar la buena nueva de la paz, tanto a ustedes, los que estaban lejos, como a los que estaban cerca.

Así, unos y otros podemos acercarnos al Padre, por la acción de un mismo Espíritu.

Palabra de Dios.   R. Te alabamos, Señor.

Del santo Evangelio según san Marcos: 6, 30-34

R. Gloria a ti, Señor.

En aquel tiempo, los apóstoles volvieron a reunirse con Jesús y le contaron todo lo que habían hecho y enseñado. Entonces él les dijo: "Vengan conmigo a un lugar solitario, para que descansen un poco". Porque eran tantos los que iban y venían, que no les dejaban tiempo ni para comer.

Jesús y sus apóstoles se dirigieron en una barca hacia un lugar apartado y tranquilo. La gente los vio irse y los reconoció; entonces de todos los poblados fueron corriendo por tierra a aquel sitio y se les adelantaron.

Cuando Jesús desembarcó, vio una numerosa multitud que lo estaba esperando y se compadeció de ellos, porque andaban como ovejas sin pastor, y se puso a enseñarles muchas cosas.

Palabra del Señor.
R. Gloria a ti, Señor Jesús.

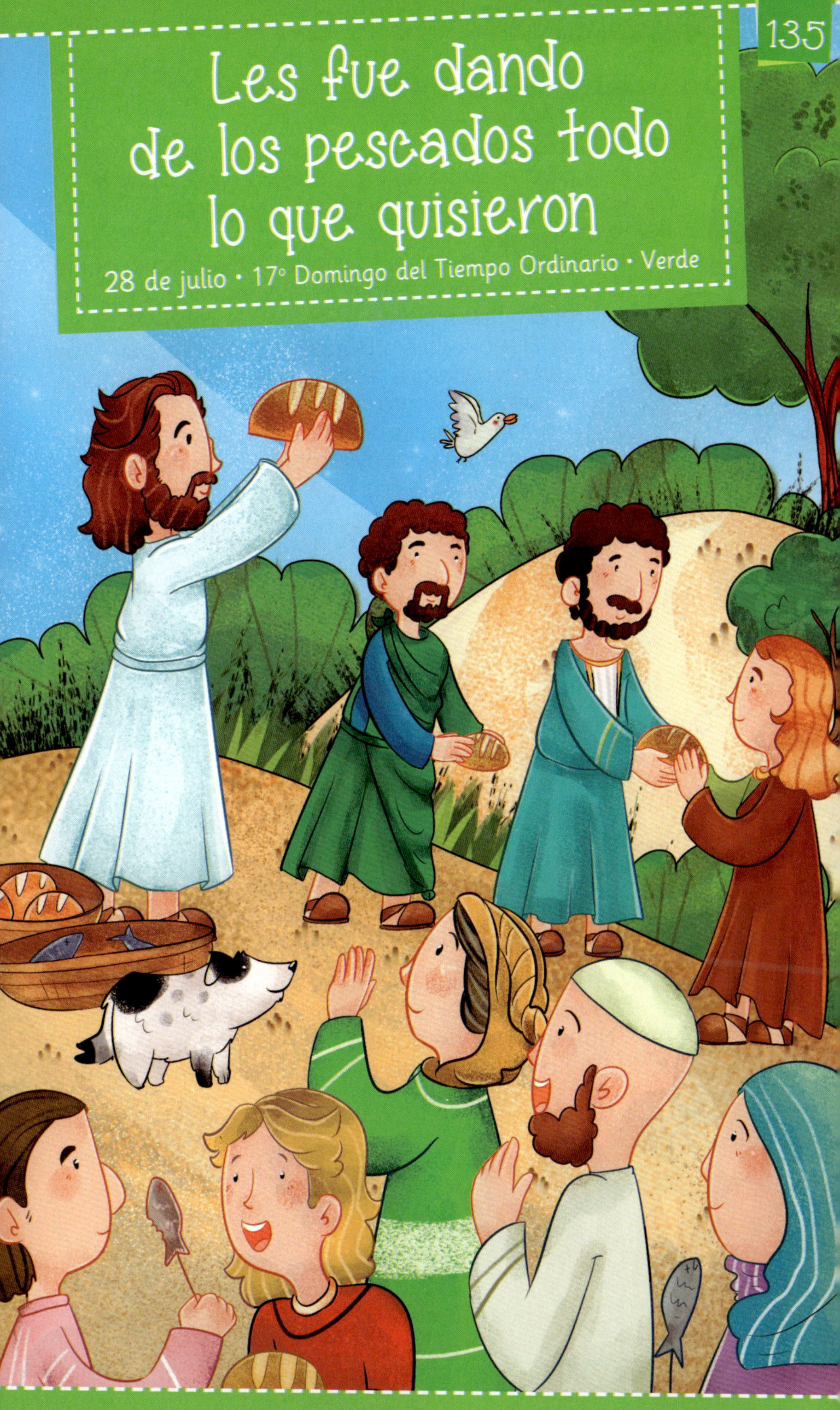

Les fue dando
de los pescados todo
lo que quisieron
28 de julio · 17º Domingo del Tiempo Ordinario · Verde

Del segundo libro de los Reyes: 4, 42-44

En aquellos días, llegó de Baal-Salisá un hombre que traía para el siervo de Dios, Eliseo, como primicias, veinte panes de cebada y grano tierno en espiga.

Entonces Eliseo dijo a su criado: "Dáselos a la gente para que coman". Pero él le respondió: "¿Cómo voy a repartir estos panes entre cien hombres?".

Eliseo insistió: "Dáselos a la gente para que coman, porque esto dice el Señor: 'Comerán todos y sobrará'".

El criado repartió los panes a la gente; todos comieron y todavía sobró, como había dicho el Señor.

Palabra de Dios.   R. Te alabamos, Señor.

Del salmo 144

R. Bendeciré al Señor eternamente.

Que te alaben, Señor, todas tus obras
y que todos tus fieles te bendigan.
Que proclamen la gloria de tu reino
y den a conocer tus maravillas. R.

A ti, Señor, sus ojos vuelven todos
y tú los alimentas a su tiempo.
Abres, Señor, tus manos generosas
y cuantos viven quedan satisfechos. R.

Siempre es justo el Señor en sus designios
y están llenas de amor todas sus obras.
No está lejos de aquellos que lo buscan;
muy cerca está el Señor, de quien
lo invoca. R.

De la carta del apóstol san Pablo a los efesios: 4, 1-6

Hermanos: Yo, Pablo, prisionero por la causa del Señor, los exhorto a que lleven una vida digna del llamamiento que han recibido. Sean siempre humildes y amables; sean comprensivos y sopórtense mutuamente con amor; esfuércense en mantenerse unidos en el Espíritu con el vínculo de la paz.

Porque no hay más que un solo cuerpo y un solo Espíritu, como también una sola es la esperanza del llamamiento que ustedes han recibido. Un solo Señor, una sola fe, un solo bautismo, un solo Dios y Padre de todos, que reina sobre todos, actúa a través de todos y vive en todos.

Palabra de Dios. R. Te alabamos, Señor.

Del santo Evangelio según san Juan: 6, 1-15

R. Gloria a ti, Señor.

En aquel tiempo, Jesús se fue a la otra orilla del mar de Galilea o lago de Tiberíades. Lo seguía mucha gente, porque habían visto los signos que hacía curando a los enfermos. Jesús subió al monte y se sentó allí con sus discípulos.

Estaba cerca la Pascua, festividad de los judíos. Viendo Jesús que mucha gente lo seguía, le dijo a Felipe: "¿Cómo compraremos pan para que coman éstos?". Le hizo esta pregunta para ponerlo a prueba, pues él bien sabía lo que iba a hacer. Felipe le respondió: "Ni doscientos denarios de pan bastarían para que a cada uno le tocara un pedazo de pan". Otro de sus discípulos, Andrés, el hermano de Simón Pedro, le dijo: "Aquí hay un muchacho que trae cinco panes de cebada y dos pescados. Pero, ¿qué es eso para tanta gente?". Jesús le respondió: "Díganle a la gente que se siente". En aquel lugar había mucha hierba. Todos, pues, se sentaron ahí; y tan sólo los hombres eran unos cinco mil.

Enseguida tomó Jesús los panes, y después de dar gracias a Dios, se los fue repartiendo a los que se habían sentado a comer. Igualmente les fue dando de los pescados todo lo que quisieron. Después de que todos se saciaron, dijo a sus discípulos: "Recojan los pedazos sobrantes, para que no se desperdicien". Los recogieron y con los pedazos que sobraron de los cinco panes llenaron doce canastos.

Entonces la gente, al ver el signo que Jesús había hecho, decía: "Éste es, en verdad, el profeta que habría de venir al mundo". Pero Jesús, sabiendo que iban a llevárselo para proclamarlo rey, se retiró de nuevo a la montaña, él solo.

Palabra del Señor. R. Gloria a ti, Señor Jesús.

Se embarcaron y fueron a Cafarnaúm para buscar a Jesús
4 de agosto · 18º Domingo del Tiempo Ordinario · Verde

Del libro del Éxodo: 16, 2-4. 12-15

En aquellos días, toda la comunidad de los hijos de Israel murmuró contra Moisés y Aarón en el desierto, diciendo: "Ojalá hubiéramos muerto a manos del Señor en Egipto, cuando nos sentábamos junto a las ollas de carne y comíamos pan hasta saciarnos. Ustedes nos han traído a este desierto para matar de hambre a toda esta multitud".

Entonces dijo el Señor a Moisés: "Voy a hacer que llueva pan del cielo. Que el pueblo salga a recoger cada día lo que necesita, pues quiero probar si guarda mi ley o no. He oído las murmuraciones de los hijos de Israel. Diles de parte mía: 'Por la tarde comerán carne y por la mañana se hartarán de pan, para que sepan que yo soy el Señor, su Dios' ".

Aquella misma tarde, una bandada de codornices cubrió el campamento. A la mañana siguiente había en torno a él una capa de rocío que, al evaporarse, dejó el suelo cubierto con una especie de polvo blanco, semejante a la escarcha. Al ver eso, los israelitas se dijeron unos a otros: "¿Manhú?" (es decir: "¿Qué es esto?"), pues no sabían lo que era. Moisés les dijo: "Éste es el pan que el Señor les da por alimento".

Palabra de Dios.   R. Te alabamos, Señor.

Del salmo 77

R. El Señor les dio pan del cielo.

Cuanto hemos escuchado y conocemos
del poder del Señor y de su gloria,
cuanto nos han narrado nuestros padres,
nuestros hijos lo oirán de nuestra boca. R.

A las nubes mandó desde lo alto
que abrieran las compuertas de los cielos;
hizo llover maná sobre su pueblo,
trigo celeste envió como alimento. R.

Así el hombre comió pan de los ángeles;
    Dios le dio de comer en abundancia
        y luego los condujo hasta la tierra
            y el monte que su diestra conquistara. R.

De la carta del apóstol san Pablo a los efesios: 4, 17. 20-24

Hermanos: Declaro y doy testimonio en el Señor, de que no deben ustedes vivir como los paganos, que proceden conforme a lo vano de sus criterios. Esto no es lo que ustedes han aprendido de Cristo; han oído hablar de él y en él han sido adoctrinados, conforme a la verdad de Jesús. Él les ha enseñado a abandonar su antiguo modo de vivir, ese viejo yo, corrompido por deseos de placer.

Dejen que el Espíritu renueve su mente y revístanse del nuevo yo, creado a imagen de Dios, en la justicia y en la santidad de la verdad.

Palabra de Dios.   R. Te alabamos, Señor.

Del santo Evangelio según san Juan: 6, 24-35

R. Gloria a ti, Señor.

En aquel tiempo, cuando la gente vio que en aquella parte del lago no estaban Jesús ni sus discípulos, se embarcaron y fueron a Cafarnaúm para buscar a Jesús.

Al encontrarlo en la otra orilla del lago, le preguntaron: "Maestro, ¿cuándo llegaste acá?". Jesús les contestó: "Yo les aseguro que ustedes no me andan buscando por haber visto signos, sino por haber comido de aquellos panes hasta saciarse. No trabajen por ese alimento que se acaba, sino por el alimento que dura para la vida eterna y que les dará el Hijo del hombre; porque a éste, el Padre Dios lo ha marcado con su sello".

Ellos le dijeron: "¿Qué debemos hacer para realizar las obras de Dios?". Respondió Jesús: "La obra de Dios consiste en que crean en aquel a quien él ha enviado". Entonces la gente le preguntó a Jesús: "¿Qué signo vas a realizar tú, para que lo veamos y podamos creerte? ¿Cuáles son tus obras? Nuestros padres comieron el maná en el desierto, como está escrito: *Les dio a comer pan del cielo*".

Jesús les respondió: "Yo les aseguro: No fue Moisés quien les dio pan del cielo; es mi Padre quien les da el verdadero pan del cielo. Porque el pan de Dios es aquel que baja del cielo y da la vida al mundo".

Entonces le dijeron: "Señor, danos siempre de ese pan". Jesús les contestó: "Yo soy el pan de la vida. El que viene a mí no tendrá hambre, y el que cree en mí nunca tendrá sed".

Palabra del Señor.   R. Gloria a ti, Señor Jesús.

141
Yo soy el pan
de la vida
11 de agosto • 19º Domingo del Tiempo Ordinario • Verde

Del primer libro de los Reyes: 19, 4-8

En aquellos tiempos, caminó Elías por el desierto un día entero y finalmente se sentó bajo un árbol de retama, sintió deseos de morir y dijo: "Basta ya, Señor. Quítame la vida, pues yo no valgo más que mis padres". Después se recostó y se quedó dormido.

Pero un ángel del Señor llegó a despertarlo y le dijo: "Levántate y come". Elías abrió los ojos y vio a su cabecera un pan cocido en las brasas y un jarro de agua. Después de comer y beber, se volvió a recostar y se durmió.

Por segunda vez, el ángel del Señor lo despertó y le dijo: "Levántate y come, porque aún te queda un largo camino". Se levantó Elías. Comió y bebió. Y con la fuerza de aquel alimento, caminó cuarenta días y cuarenta noches hasta el Horeb, el monte de Dios.

Palabra de Dios.   R. Te alabamos, Señor.

Del salmo 33

R. Haz la prueba y verás qué bueno es el Señor.

Bendeciré al Señor a todas horas,
no cesará mi boca de alabarlo.
Yo me siento orgulloso del Señor,
que se alegre su pueblo al escucharlo. R.

Proclamemos la grandeza del Señor
y alabemos todos juntos su poder.
Cuando acudí al Señor, me hizo caso
y me libró de todos mis temores. R.

Confía en el Señor y saltarás de gusto;
jamás te sentirás decepcionado,
porque el Señor escucha el clamor
de los pobres y los libra
de todas sus angustias. R.

Junto a aquellos que temen al Señor
el ángel del Señor acampa y los protege.
Haz la prueba y verás qué bueno es el Señor.
Dichoso el hombre que se refugia en él. R.

De la carta del apóstol san Pablo a los efesios: 4, 30–5, 2

Hermanos: No le causen tristeza al Espíritu Santo, con el que Dios los ha marcado para el día de la liberación final.

Destierren de ustedes la aspereza, la ira, la indignación, los insultos, la maledicencia y toda clase de maldad. Sean buenos y comprensivos, y perdónense los unos a los otros, como Dios los perdonó, por medio de Cristo.

Imiten, pues, a Dios como hijos queridos. Vivan amando como Cristo, que nos amó y se entregó por nosotros, como ofrenda y víctima de fragancia agradable a Dios.

Palabra de Dios.   R. Te alabamos, Señor.

Del santo Evangelio según san Juan: 6, 41-51

R. Gloria a ti, Señor.

En aquel tiempo, los judíos murmuraban contra Jesús, porque había dicho: "Yo soy el pan vivo que ha bajado del cielo", y decían: "¿No es éste, Jesús, el hijo de José? ¿Acaso no conocemos a su padre y a su madre? ¿Cómo nos dice ahora que ha bajado del cielo?".

Jesús les respondió: "No murmuren. Nadie puede venir a mí, si no lo atrae el Padre, que me ha enviado; y a ése yo lo resucitaré el último día. Está escrito en los profetas: *Todos serán discípulos de Dios.* Todo aquel que escucha al Padre y aprende de él, se acerca a mí. No es que alguien haya visto al Padre, fuera de aquel que procede de Dios. Ése sí ha visto al Padre.

Yo les aseguro: el que cree en mí, tiene vida eterna. Yo soy el pan de la vida. Sus padres comieron el maná en el desierto y sin embargo, murieron. Éste es el pan que ha bajado del cielo para que, quien lo coma, no muera. Yo soy el pan vivo que ha bajado del cielo; el que coma de este pan vivirá para siempre. Y el pan que yo les voy a dar es mi carne para que el mundo tenga vida".

Palabra del Señor.   R. Gloria a ti, Señor Jesús.

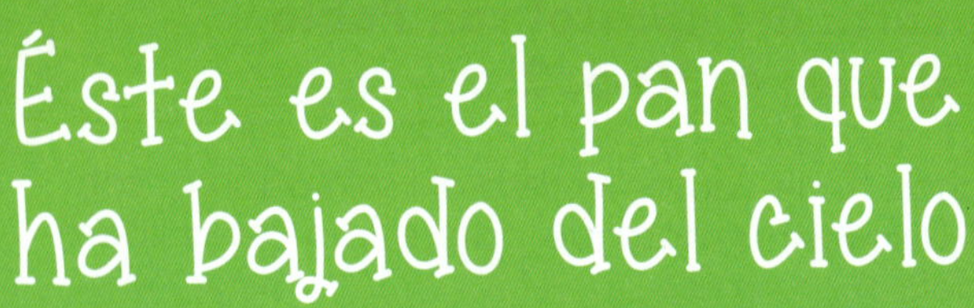

Éste es el pan que
ha bajado del cielo
18 de agosto · 20º Domingo del Tiempo Ordinario · Verde

144

Del libro de los Proverbios: 9, 1-6

La sabiduría se ha edificado una casa, ha preparado
un banquete, ha mezclado el vino y puesto la mesa.
Ha enviado a sus criados para que, desde los puntos
que dominan la ciudad, anuncien esto: "Si alguno es sencillo, que
venga acá".

Y a los faltos de juicio les dice: "Vengan a comer de mi pan y
a beber del vino que he preparado. Dejen su ignorancia y vivi-
rán; avancen por el camino de la prudencia".

Palabra de Dios.   R. Te alabamos, Señor.

Del salmo 33

R. Haz la prueba y verás qué bueno
es el Señor.

Bendeciré al Señor a todas horas,
no cesará mi boca de alabarlo.
Yo me siento orgulloso del Señor;
que se alegre su pueblo al escucharlo. R.

Que amen al Señor todos sus fieles,
pues nada faltará a los que lo aman.
El rico empobrece y pasa hambre;
a quien busca al Señor, nada le falta. R.

Escúchame, hijo mío:
voy a enseñarte cómo amar al Señor.
¿Quieres vivir y disfrutar la vida?
Guarda del mal tu lengua
y aleja de tus labios el engaño.
Apártate del mal y haz el bien;
busca la paz y ve tras ella. R.

De la carta del apóstol san Pablo a los efesios: 5, 15-20

Hermanos: Tengan cuidado de portarse no como insensatos, sino como prudentes, aprovechando el momento presente, porque los tiempos son malos.

No sean irreflexivos, antes bien, traten de entender cuál es la voluntad de Dios. No se embriaguen, porque el vino lleva al libertinaje. Llénense, más bien, del Espíritu Santo; expresen sus sentimientos con salmos, himnos y cánticos espirituales, cantando con todo el corazón las alabanzas al Señor. Den continuamente gracias a Dios Padre por todas las cosas, en el nombre de nuestro Señor Jesucristo.

Palabra de Dios.   R. Te alabamos, Señor.

Del santo Evangelio según san Juan: 6, 51-58

R. Gloria a ti, Señor.

En aquel tiempo, Jesús dijo a los judíos: "Yo soy el pan vivo, que ha bajado del cielo; el que coma de este pan vivirá para siempre. Y el pan que yo les voy a dar es mi carne, para que el mundo tenga vida".

Entonces los judíos se pusieron a discutir entre sí: "¿Cómo puede éste darnos a comer su carne?".

Jesús les dijo: "Yo les aseguro: Si no comen la carne del Hijo del hombre y no beben su sangre, no podrán tener vida en ustedes. El que come mi carne y bebe mi sangre, tiene vida eterna y yo lo resucitaré el último día.

Mi carne es verdadera comida y mi sangre es verdadera bebida. El que come mi carne y bebe mi sangre, permanece en mí y yo en él. Como el Padre, que me ha enviado, posee la vida y yo vivo por él, así también el que me come vivirá por mí.

Éste es el pan que ha bajado del cielo; no es como el maná que comieron sus padres, pues murieron. El que come de este pan vivirá para siempre".

Palabra del Señor.
R. Gloria a ti, Señor Jesús.

Las palabras que les he dicho son espíritu y vida

25 de agosto • 21º Domingo del Tiempo Ordinario • Verde

Del libro de Josué: 24, 1-2. 15-17. 18

En aquellos días, Josué convocó en Siquem a todas las tribus de Israel y reunió a los ancianos, a los jueces, a los jefes y a los escribas. Cuando todos estuvieron en presencia del Señor, Josué le dijo al pueblo: "Si no les agrada servir al Señor, digan aquí y ahora a quién quieren servir: ¿a los dioses a los que sirvieron sus antepasados al otro lado del río Éufrates, o a los dioses de los amorreos, en cuyo país ustedes habitan? En cuanto a mí toca, mi familia y yo serviremos al Señor".

El pueblo respondió: "Lejos de nosotros abandonar al Señor para servir a otros dioses, porque el Señor es nuestro Dios; él fue quien nos sacó de la esclavitud de Egipto, el que hizo ante nosotros grandes prodigios, nos protegió por todo el camino que recorrimos y en los pueblos por donde pasamos. Así pues, también nosotros serviremos al Señor, porque él es nuestro Dios".

Palabra de Dios.   R. Te alabamos, Señor.

Del salmo 33

R. Haz la prueba y verás qué bueno es el Señor.

Bendeciré al Señor a todas horas,
no cesará mi boca de alabarlo.
Yo me siento orgulloso del Señor,
que se alegre su pueblo al escucharlo. R.

Los ojos del Señor cuidan al justo,
y a su clamor están atentos sus oídos.
Contra el malvado, en cambio, está el Señor,
para borrar de la tierra su recuerdo. R.

Escucha el Señor al hombre justo
y lo libra de todas sus congojas.
El Señor no está lejos de sus fieles
y levanta a las almas abatidas. R.

Muchas tribulaciones pasa el justo,
pero de todas ellas Dios lo libra.
Por los huesos del justo vela Dios,
sin dejar que ninguno se le quiebre.
Salva el Señor la vida de sus siervos;
no morirán quienes en él esperan. R.

De la carta del apóstol san Pablo a los efesios: 5, 21-32

Hermanos: Respétense unos a otros, por reverencia a Cristo: que las mujeres respeten a sus maridos, como si se tratara del Señor, porque el marido es cabeza de la mujer, como Cristo es cabeza y salvador de la Iglesia, que es su cuerpo. Por lo tanto, así como la Iglesia es dócil a Cristo, así también las mujeres sean dóciles a sus maridos en todo.

Maridos, amen a sus esposas como Cristo amó a su Iglesia y se entregó por ella para santificarla, purificándola con el agua y la palabra, pues él quería presentársela a sí mismo toda resplandeciente, sin mancha ni arruga ni cosa semejante, sino santa e inmaculada.

Así los maridos deben amar a sus esposas, como cuerpos suyos que son. El que ama a su esposa se ama a sí mismo, pues nadie jamás ha odiado a su propio cuerpo, sino que le da alimento y calor, como Cristo hace con la Iglesia, porque somos miembros de su cuerpo. *Por eso abandonará el hombre a su padre y a su madre, se unirá a su mujer y serán los dos una sola carne.* Éste es un gran misterio, y yo lo refiero a Cristo y a la Iglesia.

Palabra de Dios. R. Te alabamos, Señor.

Del santo Evangelio según san Juan: 6, 55. 60-69

R. Gloria a ti, Señor.

En aquel tiempo, Jesús dijo a los judíos: "Mi carne es verdadera comida y mi sangre es verdadera bebida". Al oír sus palabras, muchos discípulos de Jesús dijeron: "Este modo de hablar es intolerable, ¿quién puede admitir eso?".

Dándose cuenta Jesús de que sus discípulos murmuraban, les dijo: "¿Esto los escandaliza? ¿Qué sería si vieran al Hijo del hombre subir a donde estaba antes? El Espíritu es quien da la vida; la carne para nada aprovecha. Las palabras que les he dicho son espíritu y vida, y a pesar de esto, algunos de ustedes no creen". (En efecto, Jesús sabía desde el principio quiénes no creían y quién lo habría de traicionar). Después añadió: "Por eso les he dicho que nadie puede venir a mí, si el Padre no se lo concede".

Desde entonces, muchos de sus discípulos se echaron para atrás y ya no querían andar con él. Entonces Jesús les dijo a los Doce: "¿También ustedes quieren dejarme?". Simón Pedro le respondió: "Señor, ¿a quién iremos? Tú tienes palabras de vida eterna; y nosotros creemos y sabemos que tú eres el Santo de Dios".

Palabra del Señor. R. Gloria a ti, Señor Jesús.

Ustedes dejan a un lado el mandamiento de Dios

1 de septiembre • 22º Domingo del Tiempo Ordinario • Verde

Del libro del Deuteronomio: 4, 1-2. 6-8

En aquellos días, habló Moisés al pueblo, diciendo: "Ahora, Israel, escucha los mandatos y preceptos que te enseño, para que los pongas en práctica y puedas así vivir y entrar a tomar posesión de la tierra que el Señor, Dios de tus padres, te va a dar.

No añadirán nada ni quitarán nada a lo que les mando: Cumplan los mandamientos del Señor que yo les enseño, como me ordena el Señor, mi Dios. Guárdenlos y cúmplanlos porque ellos son su sabiduría y su prudencia a los ojos de los pueblos. Cuando tengan noticias de todos estos preceptos, se dirán: 'En verdad esta gran nación es un pueblo sabio y prudente'.

Porque, ¿cuál otra nación hay tan grande que tenga dioses tan cercanos como lo está nuestro Dios, siempre que lo invocamos? ¿Cuál es la gran nación cuyos mandatos y preceptos sean tan justos como toda esta ley que ahora les doy?".

Palabra de Dios. R. Te alabamos, Señor.

Del salmo 14

R. ¿Quién será grato a tus ojos, Señor?

El hombre que procede honradamente
y obra con justicia;
el que es sincero en sus palabras
y con su lengua a nadie desprestigia. R.

Quien no hace mal al prójimo
ni difama al vecino;
quien no ve con aprecio a los malvados,
pero honra a quienes temen al Altísimo. R.

Quien presta sin usura y quien no acepta
soborno en perjuicio de inocentes,
ése será agradable
a los ojos de Dios eternamente. R.

De la carta del apóstol Santiago:
1, 17-18. 21-22. 27

Hermanos: Todo beneficio y todo don perfecto viene de lo alto, del creador de la luz, en quien no hay ni cambios ni sombras. Por su propia voluntad nos engendró mediante la palabra de la verdad, para que fuéramos, en cierto modo, primicias de sus creaturas.

Acepten dócilmente la palabra que ha sido sembrada en ustedes y es capaz de salvarlos. Pongan en práctica esa palabra y no se limiten a escucharla, engañándose a ustedes mismos. La religión pura e intachable a los ojos de Dios Padre, consiste en visitar a los huérfanos y a las viudas en sus tribulaciones, y en guardarse de este mundo corrompido.

Palabra de Dios.   R. Te alabamos, Señor.

Del santo Evangelio según san Marcos:
7, 1-8. 14-15. 21-23

R. Gloria a ti, Señor.

En aquel tiempo, se acercaron a Jesús los fariseos y algunos escribas venidos de Jerusalén. Viendo que algunos de los discípulos de Jesús comían con las manos impuras, es decir, sin habérselas lavado, los fariseos y los escribas le preguntaron: "¿Por qué tus discípulos comen con manos impuras y no siguen la tradición de nuestros mayores?". (Los fariseos y los judíos, en general, no comen sin lavarse antes las manos hasta el codo, siguiendo la tradición de sus mayores; al volver del mercado, no comen sin hacer primero las abluciones, y observan muchas otras cosas por tradición, como purificar los vasos, las jarras y las ollas).

Jesús les contestó: "¡Qué bien profetizó Isaías sobre ustedes, hipócritas, cuando escribió: *Este pueblo me honra con los labios, pero su corazón está lejos de mí. Es inútil el culto que me rinden, porque enseñan doctrinas que no son sino preceptos humanos!* Ustedes dejan a un lado el mandamiento de Dios, para aferrarse a las tradiciones de los hombres".

Después, Jesús llamó a la gente y les dijo: "Escúchenme todos y entiéndanme. Nada que entre de fuera puede manchar al hombre; lo que sí lo mancha es lo que sale de dentro; porque del corazón del hombre salen las intenciones malas, las fornicaciones, los robos, los homicidios, los adulterios, las codicias, las injusticias, los fraudes, el desenfreno, las envidias, la difamación, el orgullo y la frivolidad. Todas estas maldades salen de dentro y manchan al hombre".

Palabra del Señor.   R. Gloria a ti, Señor Jesús.

153
Le llevaron a un hombre sordo y tartamudo
8 de septiembre • 23er Domingo del Tiempo Ordinario • Verde

Del libro del profeta Isaías: 35, 4-7

Esto dice el Señor: "Digan a los de corazón apocado: '¡Ánimo! No teman. He aquí que su Dios, vengador y justiciero, viene ya para salvarlos'.

Se iluminarán entonces los ojos de los ciegos y los oídos de los sordos se abrirán. Saltará como un venado el cojo y la lengua del mudo cantará.

Brotarán aguas en el desierto y correrán torrentes en la estepa. El páramo se convertirá en estanque y la tierra sedienta, en manantial".

Palabra de Dios.   R. Te alabamos, Señor.

Del salmo 145

R. Alaba, alma mía, al Señor.

El Señor siempre es fiel a su palabra,
y es quien hace justicia al oprimido;
él proporciona pan a los hambrientos
y libera al cautivo. R.

Abre el Señor los ojos de los ciegos
y alivia al agobiado.
Ama el Señor al hombre justo
y toma al forastero a su cuidado. R.

A la viuda y al huérfano sustenta
y trastorna los planes del inicuo.
Reina el Señor eternamente,
reina tu Dios, oh Sión, reina por siglos. R.

De la carta del apóstol Santiago: 2, 1-5

Hermanos: Puesto que ustedes tienen fe en nuestro Señor Jesucristo glorificado, no tengan favoritismos. Supongamos que entran al mismo tiempo en su reunión un hombre con un anillo de oro, lujosamente vestido, y un pobre andrajoso, y que fijan ustedes la mirada en el que lleva el traje elegante y le dicen: "Tú, siéntate aquí, cómodamente". En cambio, le dicen al pobre: "Tú, párate allá o siéntate aquí en el suelo, a mis pies". ¿No es esto tener favoritismos y juzgar con criterios torcidos?

Queridos hermanos, ¿acaso no ha elegido Dios a los pobres de este mundo para hacerlos ricos en la fe y herederos del Reino que prometió a los que lo aman?

Palabra de Dios.   R. Te alabamos, Señor.

Del santo Evangelio según san Marcos: 7, 31-37

R. Gloria a ti, Señor.

En aquel tiempo, salió Jesús de la región de Tiro y vino de nuevo, por Sidón, al mar de Galilea, atravesando la región de Decápolis. Le llevaron entonces a un hombre sordo y tartamudo, y le suplicaban que le impusiera las manos. Él lo apartó a un lado de la gente, le metió los dedos en los oídos y le tocó la lengua con saliva. Después, mirando al cielo, suspiró y le dijo: "¡Effetá!" (que quiere decir "¡Ábrete!"). Al momento se le abrieron los oídos, se le soltó la traba de la lengua y empezó a hablar sin dificultad.

Él les mandó que no lo dijeran a nadie; pero cuanto más se lo mandaba, ellos con más insistencia lo proclamaban; y todos estaban asombrados y decían: "¡Qué bien lo hace todo! Hace oír a los sordos y hablar a los mudos".

Palabra del Señor.   R. Gloria a ti, Señor Jesús.

Ustedes, ¿quién dicen que soy yo?

15 de septiembre • 24º Domingo del Tiempo Ordinario • Verde

Del libro del profeta Isaías: 50, 5-9

En aquel entonces, dijo Isaías: "El Señor Dios me ha hecho oír sus palabras y yo no he opuesto resistencia, ni me he echado para atrás. Ofrecí la espalda a los que me golpeaban, la mejilla a los que me tiraban de la barba. No aparté mi rostro de los insultos y salivazos.

Pero el Señor me ayuda, por eso no quedaré confundido, por eso endurecí mi rostro como roca y sé que no quedaré avergonzado. Cercano está de mí el que me hace justicia, ¿quién luchará contra mí? ¿Quién es mi adversario? ¿Quién me acusa? Que se me enfrente. El Señor es mi ayuda, ¿quién se atreverá a condenarme?".

Palabra de Dios.   R. Te alabamos, Señor.

Del salmo 114

R. Caminaré en la presencia del Señor.

Amo al Señor porque escucha
el clamor de mi plegaria,
porque me prestó atención
cuando mi voz lo llamaba. R.

Redes de angustia y de muerte
me alcanzaron y me ahogaban.
Entonces rogué al Señor
que la vida me salvara. R.

El Señor es bueno y justo,
nuestro Dios es compasivo.
A mí, débil, me salvó
y protege a los sencillos. R.

Mi alma libró de la muerte;
del llanto los ojos míos,
y ha evitado que mis pies
tropiecen por el camino.
Caminaré ante el Señor
por la tierra de los vivos. R.

De la carta del apóstol Santiago: 2, 14-18

Hermanos míos: ¿De qué le sirve a uno decir que tiene fe, si no la demuestra con obras? ¿Acaso podrá salvarlo esa fe?

Supongamos que algún hermano o hermana carece de ropa y del alimento necesario para el día, y que uno de ustedes le dice: "Que te vaya bien; abrígate y come", pero no le da lo necesario para el cuerpo, ¿de qué le sirve que le digan eso? Así pasa con la fe; si no se traduce en obras, está completamente muerta.

Quizás alguien podría decir: "Tú tienes fe y yo tengo obras. A ver cómo, sin obras, me demuestras tu fe; yo, en cambio, con mis obras te demostraré mi fe".

Palabra de Dios.   R. Te alabamos, Señor.

Del santo Evangelio según san Marcos: 8, 27-35

R. Gloria a ti, Señor.

En aquel tiempo, Jesús y sus discípulos se dirigieron a los poblados de Cesarea de Filipo. Por el camino les hizo esta pregunta: "¿Quién dice la gente que soy yo?". Ellos le contestaron: "Algunos dicen que eres Juan el Bautista; otros, que Elías; y otros, que alguno de los profetas".

Entonces él les preguntó: "Y ustedes, ¿quién dicen que soy yo?". Pedro le respondió: "Tú eres el Mesías". Y él les ordenó que no se lo dijeran a nadie.

Luego se puso a explicarles que era necesario que el Hijo del hombre padeciera mucho, que fuera rechazado por los ancianos, los sumos sacerdotes y los escribas, que fuera entregado a la muerte y resucitara al tercer día.

Todo esto lo dijo con entera claridad. Entonces Pedro se lo llevó aparte y trataba de disuadirlo. Jesús se volvió, y mirando a sus discípulos, reprendió a Pedro con estas palabras: "¡Apártate de mí, Satanás! Porque tú no juzgas según Dios, sino según los hombres".

Después llamó a la multitud y a sus discípulos, y les dijo: "El que quiera venir conmigo, que renuncie a sí mismo, que cargue con su cruz y que me siga. Pues el que quiera salvar su vida, la perderá; pero el que pierda su vida por mí y por el Evangelio, la salvará".

Palabra del Señor.   R. Gloria a ti, Señor Jesús.

159
El que reciba en mi nombre a uno de estos niños, a mí me recibe
22 de septiembre • 25º Domingo del Tiempo Ordinario • Verde

Del libro de la Sabiduría: 2, 12. 17-20

Los malvados dijeron entre sí: "Tendamos una trampa al justo, porque nos molesta y se opone a lo que hacemos; nos echa en cara nuestras violaciones a la ley, nos reprende las faltas contra los principios en que fuimos educados. Veamos si es cierto lo que dice, vamos a ver qué le pasa en su muerte. Si el justo es hijo de Dios, él lo ayudará y lo librará de las manos de sus enemigos. Sometámoslo a la humillación y a la tortura, para conocer su temple y su valor. Condenémoslo a una muerte ignominiosa, porque dice que hay quien mire por él".

Palabra de Dios.   R. Te alabamos, Señor.

Del salmo 53

R. El Señor es quien me ayuda.

Sálvame, Dios mío, por tu nombre;
con tu poder defiéndeme.
Escucha, Señor, mi oración
y a mis palabras atiende. R.

Gente arrogante y violenta
contra mí se ha levantado.
Andan queriendo matarme.
¡Dios los tiene sin cuidado! R.

Pero el Señor Dios es mi ayuda,
él, quien me mantiene vivo.
Por eso te ofreceré
con agrado un sacrificio,
y te agradeceré, Señor,
tu inmensa bondad conmigo. R.

De la carta del apóstol Santiago: 3, 16–4, 3

Hermanos míos: Donde hay envidias y rivalidades, ahí hay desorden y toda clase de obras malas. Pero los que tienen la sabiduría que viene de Dios son puros, ante todo. Además, son amantes de la paz, comprensivos, dóciles, están llenos de misericordia y buenos frutos, son imparciales y sinceros. Los pacíficos siembran la paz y cosechan frutos de justicia.

¿De dónde vienen las luchas y los conflictos entre ustedes? ¿No es, acaso, de las malas pasiones, que siempre están en guerra dentro de ustedes? Ustedes codician lo que no pueden tener y acaban asesinando. Ambicionan algo que no pueden alcanzar, y entonces combaten y hacen la guerra. Y si no lo alcanzan, es porque no se lo piden a Dios. O si se lo piden y no lo reciben, es porque piden mal, para derrocharlo en placeres.

Palabra de Dios.   R. Te alabamos, Señor.

Del santo Evangelio según san Marcos: 9, 30-37

R. Gloria a ti, Señor.

En aquel tiempo, Jesús y sus discípulos atravesaban Galilea, pero él no quería que nadie lo supiera, porque iba enseñando a sus discípulos. Les decía: "El Hijo del hombre va a ser entregado en manos de los hombres; le darán muerte, y tres días después de muerto, resucitará". Pero ellos no entendían aquellas palabras y tenían miedo de pedir explicaciones.

Llegaron a Cafarnaúm, y una vez en casa, les preguntó: "¿De qué discutían por el camino?". Pero ellos se quedaron callados, porque en el camino habían discutido sobre quién de ellos era el más importante. Entonces Jesús se sentó, llamó a los Doce y les dijo: "Si alguno quiere ser el primero, que sea el último de todos y el servidor de todos".

Después, tomando a un niño, lo puso en medio de ellos, lo abrazó y les dijo: "El que reciba en mi nombre a uno de estos niños, a mí me recibe. Y el que me reciba a mí, no me recibe a mí, sino a aquel que me ha enviado".

Palabra del Señor.   R. Gloria a ti, Señor Jesús.

Todo aquel que no está contra nosotros, está a nuestro favor
29 de septiembre • 26° Domingo del Tiempo Ordinario • Verde

Del libro de los Números: 11, 25-29

En aquellos días, el Señor descendió de la nube y habló con Moisés. Tomó del espíritu que reposaba sobre Moisés y se lo dio a los setenta ancianos. Cuando el espíritu se posó sobre ellos, se pusieron a profetizar.

Se habían quedado en el campamento dos hombres: uno llamado Eldad y otro, Medad. También sobre ellos se posó el espíritu, pues aunque no habían ido a la reunión, eran de los elegidos y ambos comenzaron a profetizar en el campamento.

Un muchacho corrió a contarle a Moisés que Eldad y Medad estaban profetizando en el campamento. Entonces Josué, hijo de Nun, que desde muy joven era ayudante de Moisés, le dijo: "Señor mío, prohíbeselo". Pero Moisés le respondió: "¿Crees que voy a ponerme celoso? Ojalá que todo el pueblo de Dios fuera profeta y descendiera sobre todos ellos el espíritu del Señor".

Palabra de Dios.   R. Te alabamos, Señor.

Del salmo 18

R. Los mandamientos del Señor alegran
  el corazón.

La ley del Señor es perfecta del todo
y reconforta el alma;
inmutables son las palabras del Señor
y hacen sabio al sencillo. R.

La voluntad de Dios es santa
y para siempre estable;
los mandamientos del Señor son verdaderos
y enteramente justos. R.

Aunque tu servidor se esmera
en cumplir tus preceptos con cuidado,
¿quién no falta, Señor, sin advertirlo?
Perdona mis errores ignorados. R.

Presérvame, Señor, de la soberbia,
no dejes que el orgullo me domine;
así, del gran pecado
tu servidor podrá encontrarse libre. R.

De la carta del apóstol Santiago: 5, 1-6

Lloren y laméntense, ustedes, los ricos, por las desgracias que les esperan. Sus riquezas se han corrompido; la polilla se ha comido sus vestidos; enmohecidos están su oro y su plata, y ese moho será una prueba contra ustedes y consumirá sus carnes, como el fuego. Con esto ustedes han atesorado un castigo para los últimos días.

El salario que ustedes han defraudado a los trabajadores que segaron sus campos está clamando contra ustedes; los gritos de ellos han llegado hasta el oído del Señor de los ejércitos. Han vivido ustedes en este mundo entregados al lujo y al placer, engordando como reses para el día de la matanza. Han condenado a los inocentes y los han matado, porque no podían defenderse.

Palabra de Dios.   R. Te alabamos, Señor.

Del santo Evangelio según san Marcos: 9, 38-43. 45. 47-48

R. Gloria a ti, Señor.

En aquel tiempo, Juan le dijo a Jesús: "Hemos visto a uno que expulsaba a los demonios en tu nombre, y como no es de los nuestros, se lo prohibimos". Pero Jesús le respondió: "No se lo prohíban, porque no hay ninguno que haga milagros en mi nombre, que luego sea capaz de hablar mal de mí. Todo aquel que no está contra nosotros, está a nuestro favor.

Todo aquel que les dé a beber un vaso de agua por el hecho de que son de Cristo, les aseguro que no se quedará sin recompensa.

Al que sea ocasión de pecado para esta gente sencilla que cree en mí, más le valdría que le pusieran al cuello una de esas enormes piedras de molino y lo arrojaran al mar.

Si tu mano te es ocasión de pecado, córtatela; pues más te vale entrar manco en la vida eterna, que ir con tus dos manos al lugar de castigo, al fuego que no se apaga. Y si tu pie te es ocasión de pecado, córtatelo; pues más te vale entrar cojo en la vida eterna, que con tus dos pies ser arrojado al lugar de castigo. Y si tu ojo te es ocasión de pecado, sácatelo; pues más te vale entrar tuerto en el Reino de Dios, que ser arrojado con tus dos ojos al lugar de castigo, *donde el gusano no muere y el fuego no se apaga*".

Palabra del Señor.   R. Gloria a ti, Señor Jesús.

Tomó en brazos a los niños y los bendijo

6 de octubre • 27º Domingo del Tiempo Ordinario • Verde

Del libro del Génesis: 2, 18-24

En aquel día, dijo el Señor Dios: "No es bueno que el hombre esté solo. Voy a hacerle a alguien como él, para que lo ayude". Entonces el Señor Dios formó de la tierra todas las bestias del campo y todos los pájaros del cielo, y los llevó ante Adán para que les pusiera nombre y así todo ser viviente tuviera el nombre puesto por Adán.

Así, pues, Adán les puso nombre a todos los animales domésticos, a los pájaros del cielo y a las bestias del campo; pero no hubo ningún ser semejante a Adán para ayudarlo.

Entonces el Señor Dios hizo caer al hombre en un profundo sueño, y mientras dormía, le sacó una costilla y cerró la carne sobre el lugar vacío. Y de la costilla que le había sacado al hombre, Dios formó una mujer. Se la llevó al hombre y éste exclamó:

"Ésta sí es hueso de mis huesos y carne de mi carne. Ésta será llamada mujer, porque ha sido formada del hombre".

Por eso el hombre abandonará a su padre y a su madre, y se unirá a su mujer y serán los dos una sola carne.

Palabra de Dios.   R. Te alabamos, Señor.

Del salmo 127

R. Dichoso el que teme al Señor.

Dichoso el que teme al Señor
  y sigue sus caminos:
      comerá del fruto de su trabajo,
      será dichoso, le irá bien. R.

Su mujer, como vid fecunda,
  en medio de su casa;
  sus hijos, como renuevos de olivo,
  alrededor de su mesa. R.

Ésta es la bendición del hombre que
  teme al Señor:
  "Que el Señor te bendiga desde Sión,
  que veas la prosperidad de Jerusalén
  todos los días de tu vida". R.

De la carta a los hebreos: 2, 8-11

Hermanos: Es verdad que ahora todavía no vemos el universo entero sometido al hombre; pero sí vemos ya al que *por un momento Dios hizo inferior a los ángeles*, a Jesús, que por haber sufrido la muerte, está *coronado de gloria y honor*. Así, por la gracia de Dios, la muerte que él sufrió redunda en bien de todos.

En efecto, el creador y Señor de todas las cosas quiere que todos sus hijos tengan parte en su gloria. Por eso convenía que Dios consumara en la perfección, mediante el sufrimiento, a Jesucristo, autor y guía de nuestra salvación.

El santificador y los santificados tienen la misma condición humana. Por eso no se avergüenza de llamar hermanos a los hombres.

Palabra de Dios.   R. Te alabamos, Señor.

Del santo Evangelio según san Marcos: 10, 2-16

R. Gloria a ti, Señor.

En aquel tiempo, se acercaron a Jesús unos fariseos y le preguntaron, para ponerlo a prueba: "¿Le es lícito a un hombre divorciarse de su esposa?".

Él les respondió: "¿Qué les prescribió Moisés?". Ellos contestaron: "Moisés nos permitió el divorcio mediante la entrega de un acta de divorcio a la esposa". Jesús les dijo: "Moisés prescribió esto, debido a la dureza del corazón de ustedes. Pero desde el principio, al crearlos, Dios *los hizo hombre y mujer. Por eso dejará el hombre a su padre y a su madre y se unirá a su esposa y serán los dos una sola carne.* De modo que ya no son dos, sino una sola carne. Por eso, lo que Dios unió, que no lo separe el hombre".

Ya en casa, los discípulos le volvieron a preguntar sobre el asunto. Jesús les dijo: "Si uno se divorcia de su esposa y se casa con otra, comete adulterio contra la primera. Y si ella se divorcia de su marido y se casa con otro, comete adulterio".

Después de esto, la gente le llevó a Jesús unos niños para que los tocara, pero los discípulos trataban de impedirlo.

Al ver aquello, Jesús se disgustó y les dijo: "Dejen que los niños se acerquen a mí y no se lo impidan, porque el Reino de Dios es de los que son como ellos. Les aseguro que el que no reciba el Reino de Dios como un niño, no entrará en él".

Después tomó en brazos a los niños y los bendijo imponiéndoles las manos.

Palabra del Señor.   R. Gloria a ti, Señor Jesús.

Nosotros lo hemos dejado todo para seguirte

13 de octubre · 28º Domingo del Tiempo Ordinario · Verde

Del libro de la Sabiduría: 7, 7-11

Supliqué y se me concedió la prudencia; invoqué y vino sobre mí el espíritu de sabiduría. La preferí a los cetros y a los tronos, y en comparación con ella tuve en nada la riqueza. No se puede comparar con la piedra más preciosa, porque todo el oro, junto a ella, es un poco de arena y la plata es como lodo en su presencia.

La tuve en más que la salud y la belleza; la preferí a la luz, porque su resplandor nunca se apaga. Todos los bienes me vinieron con ella; sus manos me trajeron riquezas incontables.

Palabra de Dios.   R. Te alabamos, Señor.

Del salmo 89

R. Sácianos, Señor, de tu misericordia.

Enséñanos a ver lo que es la vida,
y seremos sensatos.
¿Hasta cuándo, Señor, vas a tener
compasión de tus siervos? ¿Hasta cuándo? R.

Llénanos de tu amor por la mañana
y júbilo será la vida toda.
Alégranos ahora por los días
y los años de males y congojas. R.

Haz, Señor, que tus siervos y sus hijos
puedan mirar tus obras y tu gloria.
Que el Señor bondadoso nos ayude
y dé prosperidad a nuestras obras. R.

De la carta a los hebreos: 4, 12-13

Hermanos: La palabra de Dios es viva, eficaz y más penetrante que una espada de dos filos. Llega hasta lo más íntimo del alma, hasta la médula de los huesos y descubre los pensamientos e intenciones del corazón. Toda creatura es transparente para ella. Todo queda al desnudo y al descubierto ante los ojos de aquel a quien debemos rendir cuentas.

Palabra de Dios.   R. Te alabamos, Señor.

Evangelio

Del santo Evangelio según san Marcos: 10, 17-30

R. Gloria a ti, Señor.

En aquel tiempo, cuando salía Jesús al camino, se le acercó corriendo un hombre, se arrodilló ante él y le preguntó: "Maestro bueno, ¿qué debo hacer para alcanzar la vida eterna?". Jesús le contestó: "¿Por qué me llamas bueno? Nadie es bueno sino sólo Dios. Ya sabes los mandamientos: *No matarás, no cometerás adulterio, no robarás, no levantarás falso testimonio*, no cometerás fraudes, *honrarás a tu padre y a tu madre*".

Entonces él le contestó: "Maestro, todo eso lo he cumplido desde muy joven". Jesús lo miró con amor y le dijo: "Sólo una cosa te falta: Ve y vende lo que tienes, da el dinero a los pobres y así tendrás un tesoro en los cielos. Después, ven y sígueme". Pero al oír estas palabras, el hombre se entristeció y se fue apesadumbrado, porque tenía muchos bienes.

Jesús, mirando a su alrededor, dijo entonces a sus discípulos: "¡Qué difícil les va a ser a los ricos entrar en el Reino de Dios!". Los discípulos quedaron sorprendidos ante estas palabras; pero Jesús insistió: "Hijitos, ¡qué difícil es para los que confían en las riquezas, entrar en el Reino de Dios! Más fácil le es a un camello pasar por el ojo de una aguja, que a un rico entrar en el Reino de Dios".

Ellos se asombraron todavía más y comentaban entre sí: "Entonces, ¿quién puede salvarse?". Jesús, mirándolos fijamente, les dijo: "Es imposible para los hombres, mas no para Dios. Para Dios todo es posible".

Entonces Pedro le dijo a Jesús: "Señor, ya ves que nosotros lo hemos dejado todo para seguirte".

Jesús le respondió: "Yo les aseguro: Nadie que haya dejado casa, o hermanos o hermanas, o padre o madre, o hijos o tierras, por mí y por el Evangelio, dejará de recibir, en esta vida, el ciento por uno en casas, hermanos, hermanas, madres, hijos y tierras, junto con persecuciones, y en el otro mundo, la vida eterna".

Palabra del Señor.   R. Gloria a ti, Señor Jesús.

¿Qué es lo que desean?

20 de octubre • 29º Domingo del Tiempo Ordinario
O bien: Domingo Mundial de las Misiones • Verde

Del libro del profeta Isaías: 53, 10-11

El Señor quiso triturar a su siervo con el sufrimiento.
Cuando entregue su vida como expiación, verá a sus
descendientes, prolongará sus años y por
medio de él prosperarán los designios del Señor.
Por las fatigas de su alma, verá la luz y se saciará;
con sus sufrimientos justificará mi siervo a muchos,
cargando con los crímenes de ellos.

Palabra de Dios.   R. Te alabamos, Señor.

Del salmo 32

R. Muéstrate bondadoso con nosotros, Señor.

Sincera es la palabra del Señor
y todas sus acciones son leales.
Él ama la justicia y el derecho,
la tierra llena está de sus bondades. R.

Cuida el Señor de aquellos que lo temen
y en su bondad confían;
los salva de la muerte
y en épocas de hambre les da vida. R.

En el Señor está nuestra esperanza,
pues él es nuestra ayuda y nuestro amparo.
Muéstrate bondadoso con nosotros,
puesto que en ti, Señor, hemos confiado. R.

De la carta a los hebreos: 4, 14-16

Hermanos: Jesús, el Hijo de Dios, es nuestro sumo sacerdote, que ha entrado en el cielo. Mantengamos firme la profesión de nuestra fe. En efecto, no tenemos un sumo sacerdote que no sea capaz de compadecerse de nuestros sufrimientos, puesto que él mismo ha pasado por las mismas pruebas que nosotros, excepto el pecado.

Acerquémonos, por lo tanto, con plena confianza al trono de la gracia, para recibir misericordia, hallar la gracia y obtener ayuda en el momento oportuno.

Palabra de Dios.   R. Te alabamos, Señor.

O bien, cuando se celebra el Domingo Mundial de las Misiones:

De la primera carta del apóstol san Pablo a Timoteo 2, 1-8

Te ruego, hermano, que ante todo se hagan oraciones, plegarias, súplicas y acciones de gracias por todos los hombres, y en particular, por los jefes de Estado y las demás autoridades, para que podamos llevar una vida tranquila y en paz, entregada a Dios y respetable en todo sentido.

Esto es bueno y agradable a Dios, nuestro Salvador, pues él quiere que todos los hombres se salven y todos lleguen al conocimiento de la verdad, porque no hay sino un solo Dios y un solo mediador entre Dios y los hombres, Cristo Jesús, hombre él también, que se entregó como rescate por todos.

Él dio testimonio de esto a su debido tiempo y de esto yo he sido constituido, digo la verdad y no miento, pregonero y apóstol para enseñar la fe y la verdad.

Quiero, pues, que los hombres, libres de odios y divisiones, hagan oración dondequiera que se encuentren, levantando al cielo sus manos puras.

Palabra de Dios.   R. Te alabamos, Señor.

Del santo Evangelio según san Marcos: 10, 35-45

R. Gloria a ti, Señor.

En aquel tiempo, se acercaron a Jesús Santiago y Juan, los hijos de Zebedeo, y le dijeron: "Maestro, queremos que nos concedas lo que vamos a pedirte". Él les dijo: "¿Qué es lo que desean?". Le respondieron: "Concede que nos sentemos uno a tu derecha y otro a tu izquierda, cuando estés en tu gloria". Jesús les replicó: "No saben lo que piden. ¿Podrán pasar la prueba que yo voy a pasar y recibir el bautismo con que seré bautizado?". Le respondieron: "Sí podemos". Y Jesús les dijo: "Ciertamente pasarán la prueba que yo voy a pasar y recibirán el bautismo con que yo seré bautizado; pero eso de sentarse a mi derecha o a mi izquierda no me toca a mí concederlo; eso es para quienes está reservado".

Cuando los otros diez apóstoles oyeron esto, se indignaron contra Santiago y Juan. Jesús reunió entonces a los Doce y les dijo: "Ya saben que los jefes de las naciones las gobiernan como si fueran sus dueños y los poderosos las oprimen. Pero no debe ser así entre ustedes. Al contrario: el que quiera ser grande entre ustedes, que sea su servidor, y el que quiera ser el primero, que sea el esclavo de todos, así como el Hijo del hombre, que no ha venido a que lo sirvan, sino a servir y a dar su vida por la redención de todos".

Palabra del Señor.   R. Gloria a ti, Señor Jesús.

175
¡Hijo de David, ten compasión de mí!
27 de octubre • 30° Domingo del Tiempo Ordinario • Verde

Del libro del profeta Jeremías: 31, 7-9

Esto dice el Señor: "Griten de alegría por Jacob, regocíjense por el mejor de los pueblos; proclamen, alaben y digan: 'El Señor ha salvado a su pueblo, al grupo de los sobrevivientes de Israel'.

He aquí que yo los hago volver del país del norte y los congrego desde los confines de la tierra. Entre ellos vienen el ciego y el cojo, la mujer encinta y la que acaba de dar a luz.

Retorna una gran multitud; vienen llorando, pero yo los consolaré y los guiaré; los llevaré a torrentes de agua por un camino llano en el que no tropezarán. Porque yo soy para Israel un padre y Efraín es mi primogénito".

Palabra de Dios.   R. Te alabamos, Señor.

Del salmo 125

R. Grandes cosas has hecho por nosotros, Señor.

Cuando el Señor nos hizo volver del cautiverio,
creíamos soñar;
   entonces no cesaba de reír nuestra boca
     ni se cansaba entonces la lengua de cantar. R.

   Aun los mismos paganos con asombro decían:
     "¡Grandes cosas ha hecho por ellos el Señor!".
     Y estábamos alegres,
     pues ha hecho grandes cosas por su pueblo el Señor. R.

   Como cambian los ríos la suerte del desierto,
   cambia también ahora nuestra suerte, Señor,
   y entre gritos de júbilo
   cosecharán aquellos que siembran con dolor. R.

   Al ir, iban llorando, cargando la semilla;
     al regresar, cantando vendrán con sus gavillas. R.

De la carta a los hebreos: 5, 1-6

Hermanos: Todo sumo sacerdote es un hombre escogido entre los hombres y está constituido para intervenir en favor de ellos ante Dios, para ofrecer dones y sacrificios por los pecados. Él puede comprender a los ignorantes y extraviados, ya que él mismo está envuelto en debilidades. Por eso, así como debe ofrecer sacrificios por los pecados del pueblo, debe ofrecerlos también por los suyos propios.

Nadie puede apropiarse ese honor, sino sólo aquel que es llamado por Dios, como lo fue Aarón. De igual manera, Cristo no se confirió a sí mismo la dignidad de sumo sacerdote; se la otorgó quien le había dicho: *Tú eres mi Hijo, yo te he engendrado hoy.* O como dice otro pasaje de la Escritura: *Tú eres sacerdote eterno, como Melquisedec.*

Palabra de Dios.   R. Te alabamos, Señor.

Del santo Evangelio según san Marcos: 10, 46-52

R. Gloria a ti, Señor.

En aquel tiempo, al salir Jesús de Jericó en compañía de sus discípulos y de mucha gente, un ciego, llamado Bartimeo, se hallaba sentado al borde del camino pidiendo limosna. Al oír que el que pasaba era Jesús Nazareno, comenzó a gritar: "¡Jesús, hijo de David, ten compasión de mí!". Muchos lo reprendían para que se callara, pero él seguía gritando todavía más fuerte: "¡Hijo de David, ten compasión de mí!".

Jesús se detuvo entonces y dijo: "Llámenlo". Y llamaron al ciego, diciéndole: "¡Ánimo! Levántate, porque él te llama". El ciego tiró su manto; de un salto se puso en pie y se acercó a Jesús. Entonces le dijo Jesús: "¿Qué quieres que haga por ti?". El ciego le contestó: "Maestro, que pueda ver". Jesús le dijo: "Vete; tu fe te ha salvado". Al momento recobró la vista y comenzó a seguirlo por el camino.

Palabra del Señor.   R. Gloria a ti, Señor Jesús.

Amarás al Señor, tu Dios, con todo tu corazón
3 de noviembre • 31º Domingo del Tiempo Ordinario • Verde
178

Del libro del Deuteronomio: 6, 2-6

En aquellos días, habló Moisés al pueblo y le dijo: "Teme al Señor, tu Dios, y guarda todos sus preceptos y mandatos que yo te transmito hoy, a ti, a tus hijos y a los hijos de tus hijos. Cúmplelos siempre y así prolongarás tu vida. Escucha, pues, Israel: guárdalos y ponlos en práctica, para que seas feliz y te multipliques. Así serás feliz, como ha dicho el Señor, el Dios de tus padres, y te multiplicarás en una tierra que mana leche y miel.

Escucha, Israel: El Señor, nuestro Dios, es el único Señor; amarás al Señor, tu Dios, con todo tu corazón, con toda tu alma, con todas tus fuerzas. Graba en tu corazón los mandamientos que hoy te he transmitido".

Palabra de Dios.   R. Te alabamos, Señor.

Del salmo 17

R. Yo te amo, Señor, tú eres mi fuerza.

Yo te amo, Señor, tú eres mi fuerza,
el Dios que me protege y me libera. R.

Tú eres mi refugio,
mi salvación, mi escudo, mi castillo.
Cuando invoqué al Señor de mi esperanza,
al punto me libró de mi enemigo. R.

Bendito seas, Señor, que me proteges;
que tú, mi salvador, seas bendecido.
Tú concediste al rey grandes victorias
y mostraste tu amor a tu elegido. R.

De la carta a los hebreos: 7, 23-28

Hermanos: Durante la antigua alianza hubo muchos sacerdotes, porque la muerte les impedía permanecer en su oficio. En cambio, Jesús tiene un sacerdocio eterno, porque él permanece para siempre. De ahí que sea capaz de salvar, para siempre, a los que por su medio se acercan a Dios, ya que vive eternamente para interceder por nosotros.

Ciertamente que un sumo sacerdote como éste era el que nos convenía: santo, inocente, inmaculado, separado de los pecadores y elevado por encima de los cielos; que no necesita, como los demás sacerdotes, ofrecer diariamente víctimas, primero por sus pecados y después por los del pueblo, porque esto lo hizo de una vez para siempre, ofreciéndose a sí mismo. Porque los sacerdotes constituidos por la ley eran hombres llenos de fragilidades; pero el sacerdote constituido por las palabras del juramento posterior a la ley, es el Hijo eternamente perfecto.

Palabra de Dios.   R. Te alabamos, Señor.

Del santo Evangelio según san Marcos: 12, 28-34

R. Gloria a ti, Señor.

En aquel tiempo, uno de los escribas se acercó a Jesús y le preguntó: "¿Cuál es el primero de todos los mandamientos?". Jesús le respondió: "El primero es: *Escucha, Israel: El Señor, nuestro Dios, es el único Señor; amarás al Señor, tu Dios, con todo tu corazón, con toda tu alma*, con toda tu mente *y con todas tus fuerzas*. El segundo es éste: *Amarás a tu prójimo como a ti mismo*. No hay ningún mandamiento mayor que éstos".

El escriba replicó: "Muy bien, Maestro. Tienes razón cuando dices que el Señor es único y que no hay otro fuera de él, y que amarlo con todo el corazón, con toda el alma, con todas las fuerzas, y amar al prójimo como a uno mismo, vale más que todos los holocaustos y sacrificios".

Jesús, viendo que había hablado muy sensatamente, le dijo: "No estás lejos del Reino de Dios". Y ya nadie se atrevió a hacerle más preguntas.

Palabra del Señor.   R. Gloria a ti, Señor Jesús.

Esa pobre viuda ha echado todo lo que tenía para vivir

10 de noviembre · 32º Domingo del Tiempo Ordinario · Verde

Del primer libro de los Reyes: 17, 10-16

En aquel tiempo, el profeta Elías se puso en camino hacia Sarepta. Al llegar a la puerta de la ciudad, encontró allí a una viuda que recogía leña. La llamó y le dijo: "Tráeme, por favor, un poco de agua para beber". Cuando ella se alejaba, el profeta le gritó: "Por favor, tráeme también un poco de pan". Ella le respondió: "Te juro por el Señor, tu Dios, que no me queda ni un pedazo de pan; tan sólo me queda un puñado de harina en la tinaja y un poco de aceite en la vasija. Ya ves que estaba recogiendo unos cuantos leños. Voy a preparar un pan para mí y para mi hijo. Nos lo comeremos y luego moriremos".

Elías le dijo: "No temas. Anda y prepáralo como has dicho; pero primero haz un panecillo para mí y tráemelo. Después lo harás para ti y para tu hijo, porque así dice el Señor Dios de Israel: 'La tinaja de harina no se vaciará, la vasija de aceite no se agotará, hasta el día en que el Señor envíe la lluvia sobre la tierra' ".

Entonces ella se fue, hizo lo que el profeta le había dicho y comieron él, ella y el niño. Y tal como había dicho el Señor por medio de Elías, a partir de ese momento ni la tinaja de harina se vació, ni la vasija de aceite se agotó.

Palabra de Dios.   R. Te alabamos, Señor.

Del salmo 145

R. El Señor siempre es fiel
a su palabra.

El Señor siempre es fiel a su palabra,
y es quien hace justicia al oprimido;
él proporciona pan a los hambrientos
y libera al cautivo. R.

Abre el Señor los ojos de los ciegos
y alivia al agobiado.
Ama el Señor al hombre justo
y toma al forastero a su cuidado. R.

A la viuda y al huérfano sustenta
y trastorna los planes del inicuo.
Reina el Señor eternamente,
reina tu Dios, oh Sión, reina por siglos. R.

De la carta a los hebreos: 9, 24-28

Hermanos: Cristo no entró en el santuario de la antigua alianza, construido por mano de hombres y que sólo era figura del verdadero, sino en el cielo mismo, para estar ahora en la presencia de Dios, intercediendo por nosotros.

En la antigua alianza, el sumo sacerdote entraba cada año en el santuario para ofrecer una sangre que no era la suya; pero Cristo no tuvo que ofrecerse una y otra vez a sí mismo en sacrificio, porque en tal caso habría tenido que padecer muchas veces desde la creación del mundo. De hecho, él se manifestó una sola vez, en el momento culminante de la historia, para destruir el pecado con el sacrificio de sí mismo.

Y así como está determinado que los hombres mueran una sola vez y que después de la muerte venga el juicio, así también Cristo se ofreció una sola vez para quitar los pecados de todos. Al final se manifestará por segunda vez, pero ya no para quitar el pecado, sino para la salvación de aquellos que lo aguardan y en él tienen puesta su esperanza.

Palabra de Dios. R. Te alabamos, Señor.

Del santo Evangelio según san Marcos: 12, 38-44

R. Gloria a ti, Señor.

En aquel tiempo, enseñaba Jesús a la multitud y le decía: "¡Cuidado con los escribas! Les encanta pasearse con amplios ropajes y recibir reverencias en las calles; buscan los asientos de honor en las sinagogas y los primeros puestos en los banquetes; se echan sobre los bienes de las viudas haciendo ostentación de largos rezos. Éstos recibirán un castigo muy riguroso".

En una ocasión Jesús estaba sentado frente a las alcancías del templo, mirando cómo la gente echaba allí sus monedas. Muchos ricos daban en abundancia. En esto, se acercó una viuda pobre y echó dos moneditas de muy poco valor. Llamando entonces a sus discípulos, Jesús les dijo: "Yo les aseguro que esa pobre viuda ha echado en la alcancía más que todos. Porque los demás han echado de lo que les sobraba; pero ésta, en su pobreza, ha echado todo lo que tenía para vivir".

Palabra del Señor. R. Gloria a ti, Señor Jesús.

Mis palabras no dejarán de cumplirse

17 de noviembre · 33º Domingo del Tiempo Ordinario · Verde

Del libro del profeta Daniel: 12, 1-3

En aquel tiempo, se levantará Miguel, el gran príncipe que defiende a tu pueblo.

Será aquél un tiempo de angustia, como no lo hubo desde el principio del mundo. Entonces se salvará tu pueblo; todos aquellos que están escritos en el libro. Muchos de los que duermen en el polvo, despertarán: unos para la vida eterna, otros para el eterno castigo.

Los guías sabios brillarán como el esplendor del firmamento, y los que enseñan a muchos la justicia, resplandecerán como estrellas por toda la eternidad.

Palabra de Dios. R. Te alabamos, Señor.

Del salmo 15

R. Enséñanos, Señor, el camino de la vida.

El Señor es la parte que me ha tocado en herencia:
mi vida está en sus manos.
Tengo siempre presente al Señor
        y con él a mi lado, jamás tropezaré. R.

Por eso se me alegran el corazón y el alma
    y mi cuerpo vivirá tranquilo,
    porque tú no me abandonarás a la muerte
    ni dejarás que sufra yo la corrupción. R.

Enséñame el camino de la vida,
sáciame de gozo en tu presencia
y de alegría perpetua junto a ti. R.

De la carta a los hebreos: 10, 11-14. 18

Hermanos: En la antigua alianza los sacerdotes ofrecían en el templo, diariamente y de pie, los mismos sacrificios, que no podían perdonar los pecados. Cristo, en cambio, ofreció un solo sacrificio por los pecados y *se sentó para siempre a la derecha de Dios;* no le queda sino aguardar a que *sus enemigos sean puestos bajo sus pies.* Así, con una sola ofrenda, hizo perfectos para siempre a los que ha santificado. Porque una vez que los pecados han sido perdonados, ya no hacen falta más ofrendas por ellos.

Palabra de Dios.   R. Te alabamos, Señor.

Del santo Evangelio según san Marcos: 13, 24-32

R. Gloria a ti, Señor.

En aquel tiempo, Jesús dijo a sus discípulos: "Cuando lleguen aquellos días, después de la gran tribulación, la luz del sol se apagará, no brillará la luna, caerán del cielo las estrellas y el universo entero se conmoverá. Entonces verán venir al Hijo del hombre sobre las nubes con gran poder y majestad. Y él enviará a sus ángeles a congregar a sus elegidos desde los cuatro puntos cardinales y desde lo más profundo de la tierra a lo más alto del cielo.

Entiendan esto con el ejemplo de la higuera. Cuando las ramas se ponen tiernas y brotan las hojas, ustedes saben que el verano está cerca. Así también, cuando vean ustedes que suceden estas cosas, sepan que el fin ya está cerca, ya está a la puerta. En verdad que no pasará esta generación sin que todo esto se cumpla. Podrán dejar de existir el cielo y la tierra, pero mis palabras no dejarán de cumplirse. Nadie conoce el día ni la hora. Ni los ángeles del cielo ni el Hijo; solamente el Padre".

Palabra del Señor.
R. Gloria a ti, Señor Jesús.

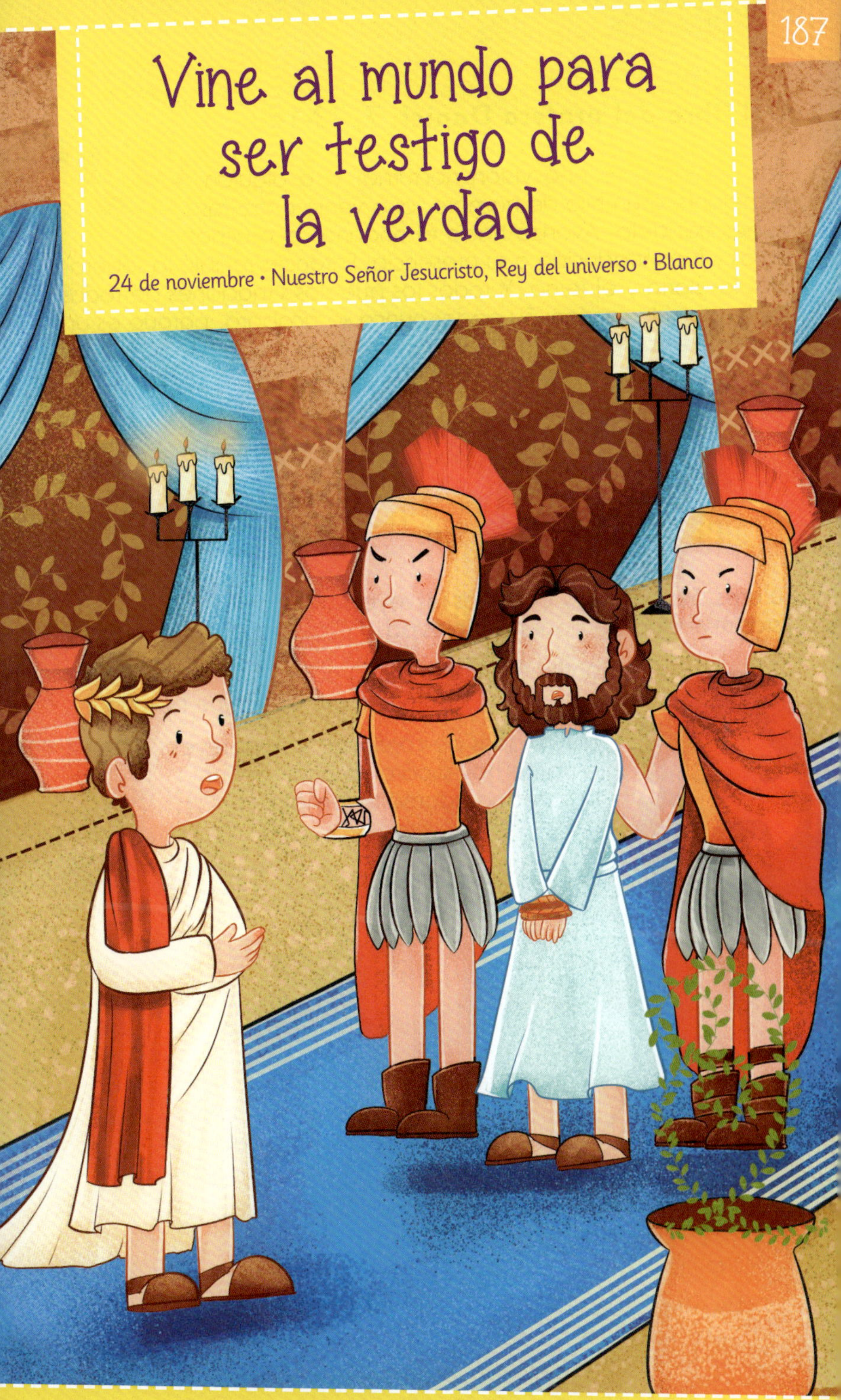

187

Vine al mundo para
ser testigo de
la verdad

24 de noviembre • Nuestro Señor Jesucristo, Rey del universo • Blanco

Del libro del profeta Daniel: 7, 13-14

Yo, Daniel, tuve una visión nocturna: vi a alguien semejante a un hijo de hombre, que venía entre las nubes del cielo. Avanzó hacia el anciano de muchos siglos y fue introducido a su presencia. Entonces recibió la soberanía, la gloria y el reino. Y todos los pueblos y naciones de todas las lenguas lo servían. Su poder nunca se acabará, porque es un poder eterno, y su reino jamás será destruido.

Palabra de Dios.   R. Te alabamos, Señor.

Del salmo 92

R. Señor, tú eres nuestro rey.

Tú eres, Señor, el rey de todos los reyes.
Estás revestido de poder y majestad. R.

Tú mantienes el orbe y no vacila.
Eres eterno, y para siempre está firme tu trono. R.

Muy dignas de confianza son tus leyes
y desde hoy y para siempre, Señor,
la santidad adorna tu templo. R.

Del libro del Apocalipsis del apóstol san Juan: 1, 5-8

Hermanos míos: Gracia y paz a ustedes, de parte de Jesucristo, el testigo fiel, el primogénito de entre los muertos, el soberano de los reyes de la tierra; aquel que nos amó y nos purificó de nuestros pecados con su sangre y ha hecho de nosotros un reino de sacerdotes para su Dios y Padre. A él la gloria y el poder por los siglos de los siglos. Amén.

Miren: él viene entre las nubes, y todos lo verán, aun aquellos que lo traspasaron. Todos los pueblos de la tierra harán duelo por su causa.

"Yo soy el Alfa y la Omega, dice el Señor Dios, el que es, el que era y el que ha de venir, el Todopoderoso".

Palabra de Dios.   R. Te alabamos, Señor.

Del santo Evangelio según san Juan: 18, 33-37

R. Gloria a ti, Señor.

En aquel tiempo, preguntó Pilato a Jesús: "¿Eres tú el rey de los judíos?". Jesús le contestó: "¿Eso lo preguntas por tu cuenta o te lo han dicho otros?". Pilato le respondió: "¿Acaso soy yo judío? Tu pueblo y los sumos sacerdotes te han entregado a mí. ¿Qué es lo que has hecho?". Jesús le contestó: "Mi Reino no es de este mundo. Si mi Reino fuera de este mundo, mis servidores habrían luchado para que no cayera yo en manos de los judíos. Pero mi Reino no es de aquí".

Pilato le dijo: "¿Conque tú eres rey?". Jesús le contestó: "Tú lo has dicho. Soy rey. Yo nací y vine al mundo para ser testigo de la verdad. Todo el que es de la verdad, escucha mi voz".

Palabra del Señor.
R. Gloria a ti, Señor Jesús.

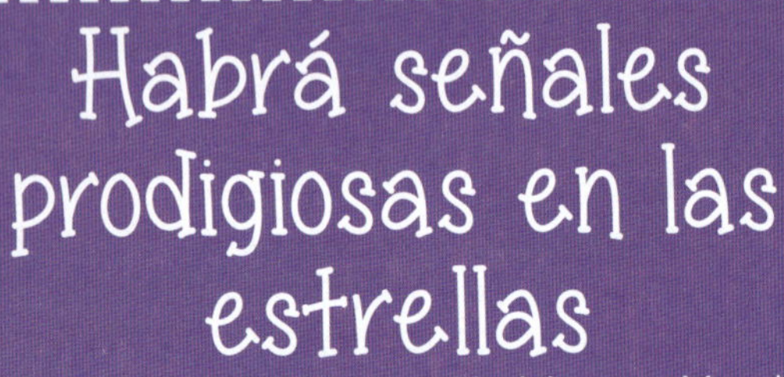

Habrá señales prodigiosas en las estrellas

1 de diciembre • 1er Domingo de Adviento • Morado
(Inicia nuevo año litúrgico, ciclo C)

Del libro del profeta Jeremías: 33, 14-16

"Se acercan los días, dice el Señor, en que cumpliré la promesa que hice a la casa de Israel y a la casa de Judá.

En aquellos días y en aquella hora, yo haré nacer del tronco de David un vástago santo, que ejercerá la justicia y el derecho en la tierra. Entonces Judá estará a salvo, Jerusalén estará segura y la llamarán 'el Señor es nuestra justicia'".

Palabra de Dios.   R. Te alabamos, Señor.

Del salmo 24

R. Descúbrenos, Señor, tus caminos.

Descúbrenos, Señor, tus caminos,
guíanos con la verdad de tu doctrina.
Tú eres nuestro Dios y salvador
y tenemos en ti nuestra esperanza. R.

Porque el Señor es recto y bondadoso,
indica a los pecadores el sendero,
guía por la senda recta a los humildes
y descubre a los pobres sus caminos. R.

Con quien guarda su alianza y sus mandatos,
el Señor es leal y bondadoso.
El Señor se descubre a quien lo teme
y le enseña el sentido de su alianza. R.

De la primera carta del apóstol san Pablo a los tesalonicenses: 3, 12—4, 2

Hermanos: Que el Señor los llene y los haga rebosar de un amor mutuo y hacia todos los demás, como el que yo les tengo a ustedes, para que él conserve sus corazones irreprochables en la santidad ante Dios, nuestro Padre, hasta el día en que venga nuestro Señor Jesús, en compañía de todos sus santos.

Por lo demás, hermanos, les rogamos y los exhortamos en el nombre del Señor Jesús a que vivan como conviene, para agradar a Dios, según aprendieron de nosotros, a fin de que sigan ustedes progresando. Ya conocen, en efecto, las instrucciones que les hemos dado de parte del Señor Jesús.

Palabra de Dios. R. Te alabamos, Señor.

Del santo Evangelio según san Lucas: 21, 25-28. 34-36

R. Gloria a ti, Señor.

En aquel tiempo, Jesús dijo a sus discípulos: "Habrá señales prodigiosas en el sol, en la luna y en las estrellas. En la tierra, las naciones se llenarán de angustia y de miedo por el estruendo de las olas del mar; la gente se morirá de terror y de angustiosa espera por las cosas que vendrán sobre el mundo, pues hasta las estrellas se bambolearán. Entonces verán venir al Hijo del hombre en una nube, con gran poder y majestad. Cuando estas cosas comiencen a suceder, pongan atención y levanten la cabeza, porque se acerca la hora de su liberación.

Estén alerta, para que los vicios, la embriaguez y las preocupaciones de esta vida no entorpezcan su mente y aquel día los sorprenda desprevenidos; porque caerá de repente como una trampa sobre todos los habitantes de la tierra.

Velen, pues, y hagan oración continuamente, para que puedan escapar de todo lo que ha de suceder y comparecer seguros ante el Hijo del hombre".

Palabra del Señor. R. Gloria a ti, Señor Jesús.

Vino la palabra de Dios en el desierto sobre Juan

8 de diciembre • 2º Domingo de Adviento • Morado

Del libro del profeta Baruc: 5, 1-9

Jerusalén, despójate de tus vestidos de luto y aflicción, y vístete para siempre con el esplendor de la gloria que Dios te da; envuélvete en el manto de la justicia de Dios y adorna tu cabeza con la diadema de la gloria del Eterno, porque Dios mostrará tu grandeza a cuantos viven bajo el cielo. Dios te dará un nombre para siempre: "Paz en la justicia y gloria en la piedad".

Ponte de pie, Jerusalén, sube a la altura, levanta los ojos y contempla a tus hijos, reunidos de oriente y de occidente, a la voz del espíritu, gozosos porque Dios se acordó de ellos. Salieron a pie, llevados por los enemigos; pero Dios te los devuelve llenos de gloria, como príncipes reales.

Dios ha ordenado que se abajen todas las montañas y todas las colinas, que se rellenen todos los valles hasta aplanar la tierra, para que Israel camine seguro bajo la gloria de Dios. Los bosques y los árboles fragantes le darán sombra por orden de Dios. Porque el Señor guiará a Israel en medio de la alegría y a la luz de su gloria, escoltándolo con su misericordia y su justicia.

Palabra de Dios.   R. Te alabamos, Señor.

Del salmo 125

R. Grandes cosas has hecho por nosotros, Señor.

Cuando el Señor nos hizo volver
del cautiverio, creíamos soñar;
entonces no cesaba de reír nuestra boca,
ni se cansaba entonces la lengua de cantar. R.

Aun los mismos paganos con asombro decían:
"¡Grandes cosas ha hecho por ellos el Señor!".
Y estábamos alegres, pues ha hecho
grandes cosas por su pueblo el Señor. R.

Como cambian los ríos la suerte del desierto,
cambia también ahora nuestra suerte,
Señor, y entre gritos de júbilo cosecharán
aquellos que siembran con dolor. R.

Al ir, iban llorando, cargando la semilla;
al regresar, cantando vendrán con sus gavillas. R.

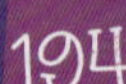

De la carta del apóstol san Pablo a los filipenses: 1, 4-6. 8-11

Hermanos: Siempre que pido por ustedes, lo hago con gran alegría, porque han colaborado conmigo en la propagación del Evangelio, desde el primer día hasta ahora. Estoy convencido de que aquel que comenzó en ustedes esta obra, la irá perfeccionando siempre hasta el día de la venida de Cristo Jesús.

Dios es testigo de cuánto los amo a todos ustedes con el amor entrañable con que los ama Cristo Jesús. Y ésta es mi oración por ustedes: Que su amor siga creciendo más y más y se traduzca en un mayor conocimiento y sensibilidad espiritual. Así podrán escoger siempre lo mejor y llegarán limpios e irreprochables al día de la venida de Cristo, llenos de los frutos de la justicia, que nos viene de Cristo Jesús, para gloria y alabanza de Dios.

Palabra de Dios.   R. Te alabamos, Señor.

Del santo Evangelio según san Lucas: 3, 1-6

R. Gloria a ti, Señor.

En el año decimoquinto del reinado del César Tiberio, siendo Poncio Pilato procurador de Judea; Herodes, tetrarca de Galilea; su hermano Filipo, tetrarca de las regiones de Iturea y Traconítide; y Lisanias, tetrarca de Abilene; bajo el pontificado de los sumos sacerdotes Anás y Caifás, vino la palabra de Dios en el desierto sobre Juan, hijo de Zacarías.

Entonces comenzó a recorrer toda la comarca del Jordán, predicando un bautismo de penitencia para el perdón de los pecados, como está escrito en el libro de las predicciones del profeta Isaías:

Ha resonado una voz en el desierto: Preparen el camino del Señor, hagan rectos sus senderos. Todo valle será rellenado, toda montaña y colina, rebajada; lo tortuoso se hará derecho, los caminos ásperos serán allanados y todos los hombres verán la salvación de Dios.

Palabra del Señor.   R. Gloria a ti, Señor Jesús.

Mi alma glorifica
al Señor y mi espíritu
se llena de júbilo
12 de diciembre • Nuestra Señora de Guadalupe,
patrona de América • Blanco

Del libro del profeta Isaías: 7, 10-14

En aquellos tiempos, el Señor le habló a Ajaz diciendo: "Pide al Señor, tu Dios, una señal de abajo, en lo profundo, o de arriba, en lo alto". Contestó Ajaz: "No la pediré. No tentaré al Señor".

Entonces dijo Isaías: "Oye, pues, casa de David: ¿No satisfechos con cansar a los hombres, quieren cansar también a mi Dios? Pues bien, el Señor mismo les dará por eso una señal: He aquí que la virgen concebirá y dará a luz un hijo y le pondrán el nombre de Emmanuel, que quiere decir Dios-con-nosotros".

Palabra de Dios.   R. Te alabamos, Señor.

O bien:

Del libro del Sirácide (Eclesiástico): 24, 23-31

Yo soy como una vid de fragantes hojas y mis flores son producto de gloria y de riqueza. Yo soy la madre del amor, del temor, del conocimiento y de la santa esperanza. En mí está toda la gracia del camino y de la verdad, toda esperanza de vida y de virtud.

Vengan a mí, ustedes, los que me aman y aliméntense de mis frutos. Porque mis palabras son más dulces que la miel y mi heredad, mejor que los panales. Los que me coman seguirán teniendo hambre de mí, los que me beban seguirán teniendo sed de mí; los que me escuchan no tendrán de qué avergonzarse y los que se dejan guiar por mí no pecarán. Los que me honran tendrán una vida eterna.

Palabra de Dios.   R. Te alabamos, Señor.

Del salmo 66

R. Que te alaben, Señor, todos los pueblos.

Ten piedad de nosotros y bendícenos;
vuelve, Señor, tus ojos a nosotros.
Que conozca la tierra tu bondad
y los pueblos tu obra salvadora. **R.**

Las naciones con júbilo te canten,
porque juzgas al mundo con justicia;
con equidad tú juzgas a los pueblos
y riges en la tierra a las naciones. **R.**

Que te alaben, Señor, todos los pueblos,
que los pueblos te aclamen todos juntos.
Que nos bendiga Dios y que le rinda
honor el mundo entero. **R.**

De la carta del apóstol san Pablo a los gálatas: 4, 4-7

Hermanos: Al llegar la plenitud de los tiempos, envió Dios a su Hijo, nacido de una mujer, nacido bajo la ley, para rescatar a los que estábamos bajo la ley, a fin de hacernos hijos suyos.

Puesto que ya son ustedes hijos, Dios envió a sus corazones el Espíritu de su Hijo, que clama: "¡Abbá!", es decir, ¡Padre! Así que ya no eres siervo, sino hijo; y siendo hijo, eres también heredero por voluntad de Dios.

Palabra de Dios.
R. Te alabamos, Señor.

Del santo Evangelio según san Lucas: 1, 39-48

R. Gloria a ti, Señor.

En aquellos días, María se encaminó presurosa a un pueblo de las montañas de Judea, y entrando en la casa de Zacarías, saludó a Isabel. En cuanto ésta oyó el saludo de María, la criatura saltó en su seno.

Entonces Isabel quedó llena del Espíritu Santo, y levantando la voz, exclamó: "¡Bendita tú entre las mujeres y bendito el fruto de tu vientre! ¿Quién soy yo, para que la madre de mi Señor venga a verme? Apenas llegó tu saludo a mis oídos, el niño saltó de gozo en mi seno. Dichosa tú, que has creído, porque se cumplirá cuanto te fue anunciado de parte del Señor".

Entonces dijo María: "Mi alma glorifica al Señor *y mi espíritu se llena de júbilo en Dios, mi salvador, porque puso sus ojos en la humildad de su esclava*".

Palabra del Señor.   R. Gloria a ti, Señor Jesús.

Quien tenga dos túnicas que dé una al que no tiene

15 de diciembre • 3er Domingo de Adviento • Morado

Del libro del profeta Sofonías: 3, 14-18

Canta, hija de Sión, da gritos de júbilo, Israel, gózate y regocíjate de todo corazón, Jerusalén.

El Señor ha levantado su sentencia contra ti, ha expulsado a todos tus enemigos. El Señor será el rey de Israel en medio de ti y ya no temerás ningún mal.

Aquel día dirán a Jerusalén: "No temas, Sión, que no desfallezcan tus manos. El Señor, tu Dios, tu poderoso salvador, está en medio de ti. Él se goza y se complace en ti; él te ama y se llenará de júbilo por tu causa, como en los días de fiesta".

Palabra de Dios.   R. Te alabamos, Señor.

Isaías 12

R. El Señor es mi Dios y salvador.

El Señor es mi Dios y salvador,
con él estoy seguro y nada temo.
El Señor es mi protección y mi fuerza
y ha sido mi salvación.
Sacarán agua con gozo
de la fuente de salvación. R.

Den gracias al Señor,
invoquen su nombre,
cuenten a los pueblos sus hazañas,
proclamen que su nombre es sublime. R.

Alaben al Señor por sus proezas,
anúncienlas a toda la tierra.
Griten jubilosos, habitantes de Sión,
porque el Dios de Israel
ha sido grande con ustedes. R.

De la carta del apóstol san Pablo a los filipenses: 4, 4-7

Hermanos míos: Alégrense siempre en el Señor; se lo repito: ¡Alégrense! Que la benevolencia de ustedes sea conocida por todos. El Señor está cerca. No se inquieten por nada; más bien presenten en toda ocasión sus peticiones a Dios en la oración y la súplica, llenos de gratitud. Y que la paz de Dios, que sobrepasa toda inteligencia, custodie sus corazones y sus pensamientos en Cristo Jesús.

Palabra de Dios.   R. Te alabamos, Señor.

Del santo Evangelio según san Lucas: 3, 10-18

R. Gloria a ti, Señor.

En aquel tiempo, la gente le preguntaba a Juan el Bautista: "¿Qué debemos hacer?". Él contestó: "Quien tenga dos túnicas, que dé una al que no tiene ninguna, y quien tenga comida, que haga lo mismo".

También acudían a él los publicanos para que los bautizara, y le preguntaban: "Maestro, ¿qué tenemos que hacer nosotros?". Él les decía: "No cobren más de lo establecido". Unos soldados le preguntaron: "Y nosotros, ¿qué tenemos que hacer?". Él les dijo: "No extorsionen a nadie, ni denuncien a nadie falsamente, sino conténtense con su salario".

Como el pueblo estaba en expectación y todos pensaban que quizá Juan era el Mesías, Juan los sacó de dudas, diciéndoles: "Es cierto que yo bautizo con agua, pero ya viene otro más poderoso que yo, a quien no merezco desatarle las correas de sus sandalias. Él los bautizará con el Espíritu Santo y con fuego. Él tiene el bieldo en la mano para separar el trigo de la paja; guardará el trigo en su granero y quemará la paja en un fuego que no se extingue".

Con éstas y otras muchas exhortaciones anunciaba al pueblo la buena nueva.

Palabra del Señor.   R. Gloria a ti, Señor Jesús.

Dichosa tú, que has creído

22 de diciembre · 4º Domingo de Adviento · Morado

Del libro del profeta Miqueas: 5, 1-4

Esto dice el Señor: "De ti, Belén Efrata, pequeña entre las aldeas de Judá, de ti saldrá el jefe de Israel, cuyos orígenes se remontan a tiempos pasados, a los días más antiguos.

Por eso, el Señor abandonará a Israel, mientras no dé a luz la que ha de dar a luz. Entonces el resto de sus hermanos se unirá a los hijos de Israel. Él se levantará para pastorear a su pueblo con la fuerza y la majestad del Señor, su Dios. Ellos habitarán tranquilos, porque la grandeza del que ha de nacer llenará la tierra y él mismo será la paz".

Palabra de Dios.   R. Te alabamos, Señor.

Del salmo 79

R. Señor, muéstranos tu favor y sálvanos.

Escúchanos, pastor de Israel;
tú que estás rodeado de querubines,
manifiéstate; despierta tu poder
y ven a salvarnos. R.

Señor, Dios de los ejércitos, vuelve tus ojos,
mira tu viña y visítala;
protege la cepa plantada por tu mano,
el renuevo que tú mismo cultivaste. R.

Que tu diestra defienda al que elegiste,
al hombre que has fortalecido.
Ya no nos alejaremos de ti;
consérvanos la vida y alabaremos
tu poder. R.

De la carta a los hebreos: 10, 5-10

Hermanos: Al entrar al mundo, Cristo dijo, conforme al salmo: *No quisiste víctimas ni ofrendas; en cambio, me has dado un cuerpo. No te agradaron los holocaustos ni los sacrificios por el pecado; entonces dije –porque a mí se refiere la Escritura–: "Aquí estoy, Dios mío; vengo para hacer tu voluntad".*

Comienza por decir: *No quisiste víctimas ni ofrendas, no te agradaron los holocaustos ni los sacrificios por el pecado* –siendo así que eso es lo que pedía la ley–; y luego añade: *"Aquí estoy, Dios mío; vengo para hacer tu voluntad".*

Con esto, Cristo suprime los antiguos sacrificios, para establecer el nuevo. Y en virtud de esta voluntad, todos quedamos santificados por la ofrenda del cuerpo de Jesucristo, hecha una vez por todas.

Palabra de Dios. R. Te alabamos, Señor.

Del santo Evangelio según san Lucas: 1, 39-45

R. Gloria a ti, Señor.

En aquellos días, María se encaminó presurosa a un pueblo de las montañas de Judea, y entrando en la casa de Zacarías, saludó a Isabel. En cuanto ésta oyó el saludo de María, la criatura saltó en su seno.

Entonces Isabel quedó llena del Espíritu Santo, y levantando la voz, exclamó: "¡Bendita tú entre las mujeres y bendito el fruto de tu vientre! ¿Quién soy yo, para que la madre de mi Señor venga a verme? Apenas llegó tu saludo a mis oídos, el niño saltó de gozo en mi seno. Dichosa tú, que has creído, porque se cumplirá cuanto te fue anunciado de parte del Señor".

Palabra del Señor. R. Gloria a ti, Señor Jesús.

Aquel que es la Palabra se hizo hombre

25 de diciembre • La Natividad del Señor
(Misa del día) • Blanco

Del libro del profeta Isaías: 52, 7-10

¡Qué hermoso es ver correr sobre los montes al mensajero que anuncia la paz, al mensajero que trae la buena nueva, que pregona la salvación, que dice a Sión: "Tu Dios es rey"!

Escucha: Tus centinelas alzan la voz y todos a una gritan alborozados, porque ven con sus propios ojos al Señor, que retorna a Sión.

Prorrumpan en gritos de alegría, ruinas de Jerusalén, porque el Señor rescata a su pueblo, consuela a Jerusalén. Descubre el Señor su santo brazo a la vista de todas las naciones. Verá la tierra entera la salvación que viene de nuestro Dios.

Palabra de Dios.   R. Te alabamos, Señor.

Del salmo 97

R. Toda la tierra ha visto al Salvador.

Cantemos al Señor un canto nuevo,
pues ha hecho maravillas.
Su diestra y su santo brazo
le han dado la victoria. R.

El Señor ha dado a conocer su victoria
y ha revelado a las naciones su justicia.
Una vez más ha demostrado Dios
su amor y su lealtad hacia Israel. R.

La tierra entera ha contemplado
la victoria de nuestro Dios.
Que todos los pueblos y naciones
aclamen con júbilo al Señor. R.

Cantemos al Señor al son del arpa,
suenen los instrumentos.
Aclamemos al son de los clarines
al Señor, nuestro rey. R.

De la carta a los hebreos: 1, 1-6

En distintas ocasiones y de muchas maneras habló Dios en el pasado a nuestros padres, por boca de los profetas. Ahora, en estos tiempos, que son los últimos, nos ha hablado por medio de su Hijo, a quien constituyó heredero de todas las cosas y por medio del cual hizo el universo.

El Hijo es el resplandor de la gloria de Dios, la imagen fiel de su ser y el sostén de todas las cosas con su palabra poderosa. Él mismo, después de efectuar la purificación de los pecados, se sentó a la diestra de la majestad de Dios, en las alturas, tanto más encumbrado sobre los ángeles, cuanto más excelso es el nombre que, como herencia, le corresponde.

Porque ¿a cuál de los ángeles le dijo Dios: *Tú eres mi Hijo; yo te he engendrado hoy?* ¿O de qué ángel dijo Dios: *Yo seré para él un padre y él será para mí un hijo?* Además, en otro pasaje, cuando introduce en el mundo a su primogénito, dice: *Adórenlo todos los ángeles de Dios.*

Palabra de Dios.   R. Te alabamos, Señor.

Del santo Evangelio según san Juan: 1, 1-18

R. Gloria a ti, Señor.

En el principio ya existía aquel que es la Palabra, y aquel que es la Palabra estaba con Dios y era Dios. Ya en el principio él estaba con Dios. Todas las cosas vinieron a la existencia por él y sin él nada empezó de cuanto existe. Él era la vida, y la vida era la luz de los hombres. La luz brilla en las tinieblas y las tinieblas no la recibieron.

Hubo un hombre enviado por Dios, que se llamaba Juan. Éste vino como testigo, para dar testimonio de la luz, para que todos creyeran por medio de él. Él no era la luz, sino testigo de la luz.

Aquel que es la Palabra era la luz verdadera, que ilumina a todo hombre que viene a este mundo. En el mundo estaba; el mundo había sido hecho por él y, sin embargo, el mundo no lo conoció.

Vino a los suyos y los suyos no lo recibieron; pero a todos los que lo recibieron les concedió poder llegar a ser hijos de Dios, a los que creen en su nombre, los cuales no nacieron de la sangre, ni del deseo de la carne, ni por voluntad del hombre, sino que nacieron de Dios.

Y aquel que es la Palabra se hizo hombre y habitó entre nosotros. Hemos visto su gloria, gloria que le corresponde como a Unigénito del Padre, lleno de gracia y de verdad.

Juan el Bautista dio testimonio de él, clamando: "A éste me refería cuando dije: 'El que viene después de mí, tiene precedencia sobre mí, porque ya existía antes que yo'".

De su plenitud hemos recibido todos gracia sobre gracia. Porque la ley fue dada por medio de Moisés, mientras que la gracia y la verdad vinieron por Jesucristo. A Dios nadie lo ha visto jamás. El Hijo unigénito, que está en el seno del Padre, es quien lo ha revelado.

Palabra del Señor.

R. Gloria a ti, Señor Jesús.

Cuando Jesús cumplió doce años, fueron a la fiesta

29 de diciembre • La Sagrada Familia de Jesús, María y José • Blanco

Del primer libro de Samuel: 1, 20-22. 24-28

En aquellos días, Ana concibió, dio a luz un hijo y le puso por nombre Samuel, diciendo: "Al Señor se lo pedí". Después de un año, Elcaná, su marido, subió con toda la familia para hacer el sacrificio anual para honrar al Señor y para cumplir la promesa que habían hecho, pero Ana se quedó en su casa.

Un tiempo después, Ana llevó a Samuel, que todavía era muy pequeño, a la casa del Señor, en Siló, y llevó también un novillo de tres años, un costal de harina y un odre de vino.

Una vez sacrificado el novillo, Ana presentó el niño a Elí y le dijo: "Escúchame, señor: te juro por mi vida que yo soy aquella mujer que estuvo junto a ti, en este lugar, orando al Señor. Éste es el niño que yo le pedía al Señor y que él me ha concedido. Por eso, ahora yo se lo ofrezco al Señor, para que le quede consagrado de por vida". Y adoraron al Señor.

Palabra de Dios.   R. Te alabamos, Señor.

Del salmo 83

R. Señor, dichosos los que viven en tu casa.

Anhelando los atrios del Señor
se consume mi alma.
Todo mi ser de gozo se estremece
y el Dios vivo es la causa. R.

Dichosos los que viven en tu casa,
te alabarán para siempre;
dichosos los que encuentran en ti su fuerza
y la esperanza de su corazón. R.

Escucha mi oración, Señor de los ejércitos;
Dios de Jacob, atiéndeme.
Míranos, Dios y protector nuestro,
y contempla el rostro de tu Mesías. R.

De la primera carta del apóstol san Juan: 3, 1-2. 21-24

Queridos hijos: Miren cuánto amor nos ha tenido el Padre, pues no sólo nos llamamos hijos de Dios, sino que lo somos. Si el mundo no nos reconoce, es porque tampoco lo ha reconocido a él.

Hermanos míos, ahora somos hijos de Dios, pero aún no se ha manifestado cómo seremos al fin. Y ya sabemos que, cuando él se manifieste, vamos a ser semejantes a él, porque lo veremos tal cual es.

Si nuestra conciencia no nos remuerde, entonces, hermanos míos, nuestra confianza en Dios es total. Puesto que cumplimos los mandamientos de Dios y hacemos lo que le agrada, ciertamente obtendremos de él todo lo que le pidamos.

Ahora bien, éste es su mandamiento: que creamos en la persona de Jesucristo, su Hijo, y nos amemos los unos a los otros, conforme al precepto que nos dio. Quien cumple sus mandamientos permanece en Dios y Dios en él. En esto conocemos, por el Espíritu que él nos ha dado, que él permanece en nosotros.

Palabra de Dios.   R. Te alabamos, Señor.

Del santo Evangelio según san Lucas: 2, 41-52

R. Gloria a ti, Señor.

Los padres de Jesús solían ir cada año a Jerusalén para las festividades de la Pascua. Cuando el niño cumplió doce años, fueron a la fiesta, según la costumbre. Pasados aquellos días, se volvieron, pero el niño Jesús se quedó en Jerusalén, sin que sus padres lo supieran. Creyendo que iba en la caravana, hicieron un día de camino; entonces lo buscaron, y al no encontrarlo, regresaron a Jerusalén en su busca.

Al tercer día lo encontraron en el templo, sentado en medio de los doctores, escuchándolos y haciéndoles preguntas. Todos los que lo oían se admiraban de su inteligencia y de sus respuestas. Al verlo, sus padres se quedaron atónitos y su madre le dijo: "Hijo mío, ¿por qué te has portado así con nosotros? Tu padre y yo te hemos estado buscando llenos de angustia". Él les respondió: "¿Por qué me andaban buscando? ¿No sabían que debo ocuparme en las cosas de mi Padre?". Ellos no entendieron la respuesta que les dio. Entonces volvió con ellos a Nazaret y siguió sujeto a su autoridad. Su madre conservaba en su corazón todas aquellas cosas.

Jesús iba creciendo en saber, en estatura y en el favor de Dios y de los hombres.

Palabra del Señor.
R. Gloria a ti, Señor Jesús.

Mis apuntes

Mis stickers

Mis stickers

Mis stickers

Mis stickers